FAMÍLIA   VIAGEM   GASTRONOMIA   MÚSICA   **CRIATIVIDADE**
& OUTRAS LOUCURAS

333 PÁGINAS PARA TIRAR SEU PROJETO DO PAPEL

333 PÁGINAS PARA TIRAR SEU PROJETO DO PAPEL

DANIEL LARUSSO   GABRIEL GOMES   LUCIANO BRAGA

Belas Letras

2ª reimpressão/2020

© 2018 Daniel Larusso, Gabriel Gomes e Luciano Braga

Uma mensagem assustadora dos nossos advogados para você:

Nenhuma parte desta publicação pode ser reproduzida, armazenada ou transmitida, sem a permissão do editor.

Se você fez alguma dessas coisas terríveis e pensou "tudo bem, não vai acontecer nada", nossos advogados entrarão em contato para informá-lo sobre o próximo passo. Temos certeza de que você não vai querer saber qual é.

Este livro é o resultado de um trabalho feito com muito amor, diversão e gente finice pelas seguintes pessoas:

Gustavo Guertler (edição), Fernanda Fedrizzi (coordenação editorial), Germano Weirich (revisão), Celso Orlandin Jr., Daniel Larusso e Gabriel Gomes (projeto gráfico) e Celso Orlandin Jr. e Gabriel Gomes (capa)

Obrigado, amigos.

2018
Todos os direitos desta edição reservados à
Editora Belas Letras Ltda.
Rua Coronel Camisão, 167
CEP 95020-420 – Caxias do Sul – RS
www.belasletras.com.br

Dados Internacionais de Catalogação na Fonte (CIP)
Biblioteca Pública Municipal Dr. Demetrio Niederauer
Caxias do Sul, RS

L336   Larusso, Daniel
          333 páginas para tirar o seu projeto do papel / Daniel
      Larusso, Gabriel Gomes e Luciano Braga. - Caxias do
      Sul, RS: Belas Letras, 2018.
          368 p.

      ISBN: 978-85-8174-455-1

      1. Empreendedorismo. 2. Criatividade. I. Título.
      II. Gomes, Gabriel. III. Braga, Luciano Harres.

18/54   CDU 65.012.2

Catalogação elaborada por
Rose Elga Beber CRB-10/1369

PREFÁCIO | Por Rafa Cappai

Este é um livro necessário. Necessário não apenas porque precisa ser lido (e todo livro quer ser lido, né?!), mas necessário porque precisa ser feito. Consumado, completado, concluído a cada uma das suas páginas... Já pensou nisso? Em um livro que você precisa escrever junto? Sair do papel de ouvinte? E entregar parte de você mesmo no processo?

Pois é. Este livro precisa de você. Ele quer ser rascunhado, rabiscado, anotado, marcado, surrado... Acredite, ele quer ser posto à prova. Ideia por ideia, palavra por palavra, grifo por grifo até se tornar a sua versão, única e possível, de um projeto que anda louco pra ir pro mundo. As suas 333 páginas.

Ele não é, portanto, um livro pra ficar guardado na gaveta. E sim um livro pra abrir essa sua gaveta escura de vontades. Aquela pasta de referências escondida no seu hd. Seus projetos secretos, suas ideias mofadas, seus sonhos mais loucos e aqueles desejos mais simples e corriqueiros também. Este livro quer ser o seu companheiro de aventuras, seu confidente, seu guia torto, seu mapa aberto, o seu fermento. E ele promete: não vai te julgar ou te limitar. Vai apenas te escutar. E te estimular. E sussurrar no seu ouvido: 333 páginas com 333 provocações.

Ele quer ser o seu pouso mais seguro pra onde as ideias têm coragem de sair. Onde elas podem começar a borbulhar pra fermentar e crescer. Sim, aquelas que ficam martelando incansavelmente. As ideias que ano após ano ainda insistem em te acompanhar. Aquelas que importam. Que só podem existir através de você, porque são, de fato, parte de você derramado pro mundo. E ele precisa que você gere coragem suficiente pra passar pelas limitações e incômodos iniciais que o ato de criar requer, atravessando o brejo lamacento de ideias guardadas em direção a um mundo onde mais coisas legais saem do papel.

Esta é a promessa dos três autores – Daniel Larusso, Gabriel Gomes e Luciano Braga: com um pouquinho ou um tantão por dia, você chegará ao final deste livro com o seu projeto derramado, rascunhado pra ir pro mundo. E, a cada página, vai criando coragem pra quando chegar a hora. Na verdade, quando você preencher a primeira das 333 páginas, o seu trabalho já começou.

Eu acredito que a gente descobre de verdade quem a gente é depois que atravessa esse pântano e cria autonomia pra fazer coisas e projetos que nos incomodam e nos excitam. Ideias que pedem mais da gente. Que nos permitem moldar o mundo, deixar o nosso carimbo marcado através das coisas que faz. E eu sei que *333 páginas* é sobre ideias e projetos sim, mas é ainda mais sobre você e quem você pode se tornar quando coloca essas suas ideias e projetos no mundo. E as pessoas que você pode tocar com as ideias e os projetos que realiza.

Eu sei que, ao final destas 333 páginas, você vai mergulhar em si mesmo, naquilo que faz sentido, vai descobrir mais sobre você e, em última instância, o que veio fazer aqui. Parece muito pra um livro, certo? Mas pensa bem, são 333 páginas. 333 oportunidades pra tirar parte de você e entregar pro mundo. Em 333 dias. Ou 333 minutos, dependendo da sua fome. Ou da sua sede.

Se você tivesse a ousadia de mudar a si mesmo ao mesmo tempo em que muda o mundo à sua volta, o que você faria? E quem você se tornaria ao fazer as coisas que quer fazer? Ou melhor, quem você pode se tornar hoje ao concluir estas 333 páginas e levar esse projeto adiante? Essa é a pergunta que este livro te faz. Além de outras trezentas e trinta e tantas. Já sacou, né? Tem um projeto bem legal e uma pessoa bem mais legal ainda te esperando no final deste livro. E você, o que vai fazer a respeito? Mãos à obra!

Rafa Cappai é artista, criadora, escritora
e empreendedora por uma vida mais
autêntica, criativa e livre.
Fundou a Espaçonave:
www.espaconave.com.br

ESCREVA, PERGUNTE, DESENHE, LISTE, PUBLIQUE, FOTOGRAFE, REGISTRE, ESCOLHA, DEFINA, CALCULE, COMPARE, DESAPEGUE, CORTE, SELECIONE, COMPARTILHE, CHAME, LIGUE, CONVIDE, MEDITE, CRIE, ANUNCIE, PROVOQUE, PENSE, FALE, PESQUISE, ESCUTE, LEIA, RABISQUE, IGNORE, MARQUE, PROCURE, RESPIRE, FAÇA E TIRE SEU PROJETO DO PAPEL.

COMECE POR AQUI

Este não é um livro para você ler, é um livro para você fazer. Esperamos que para cada minuto lendo você passe pelo menos quinze trabalhando em seu projeto. Ou mais, ou menos, você escolhe. Afinal de contas, o sonho é seu, a ideia é sua, o projeto é seu e a gaveta também. Estas 333 páginas são apenas nossas pequenas contribuições para que você avance um pouco de cada vez. Aqui, você vai encontrar dicas, provocações e desafios interativos para que, sempre que encarar o livro, seu projeto ande um pouquinho pra frente. Porque o que você faz diz muito sobre você, no que acredita e como quer que o mundo seja. Seu projeto é uma manifestação de quem você é. Por isso, seja o que for, seu projeto merece sair do papel.

"SERÁ QUE VALE A PENA FAZER ISSO? NÃO É MUITO IDIOTA? SERÁ QUE ESTOU PRONTO? É ISSO QUE TEM QUE SER FEITO? MAS ISSO EU JÁ FIZ..."

Provavelmente, você vai fazer essas reflexões. Se elas te ajudarem a tirar seu projeto do papel, ótimo. Mas, provavelmente, isso não vai acontecer. Análise excessiva é inútil. Ou, ainda pior, atrapalha. Você mergulha na análise e paralisa. Portanto, não se deixe tomar pela reflexão sobre os desafios. Evite com todas as suas forças cair na tentação de pular as páginas. Faça, experimente, teste, permita-se brincar e veja o que acontece. Desenhe mapas mentais, seja visual. Use este livro. Curta as páginas, vá além do que elas pedem, destrinche. Vá, volte, faça de novo. Destrua este livro com caneta e intensidade. Não tenha pena, é só papel. É melhor ter este livro destruído e um projeto ganhando vida do que um livro em branco e seu projeto apenas na sua cabeça.

TRÊS INSTRUÇÕES

UM

SIGA A ORDEM DO LIVRO SE ELA FIZER SENTIDO PRA VOCÊ.
SE NÃO, CRIE SUA PRÓPRIA ORDEM.

DOIS

QUANDO NÃO SOUBER O QUE FAZER, ABRA EM UMA
PÁGINA QUALQUER E FAÇA ALGUMA COISA.

TRÊS

NÃO DEIXE A VIDA, NEM AS PÁGINAS
DESTE LIVRO, PASSAR EM BRANCO.

NAS PÁGINAS PRETAS PRETAS NÓS DIZEMOS O QUE FAZER.

Nas páginas brancas, você faz o que quiser.

DL: Daniel Larusso. Falar é fácil, quero ver fazer.
GG: Gabriel Gomes. 99% transpiração.
LB: Luciano Braga. Esses são os nossos comentários.

SPOILERS

CAPÍTULO 1

DESCOBRINDO QUEM VOCÊ É

Abra a gaveta. Vamos começar. 2

Qual o seu propósito hoje? 4

O que você fazia quando criança que te deixava muito feliz? 6

Que história você quer contar aos 80 anos? 8

O que você faria agora se grana não fosse um objetivo? 10

Liste três momentos onde você esteve no seu melhor. 12

Descubra o que você faz bem. 14

O que seu projeto deve potencializar em você? 16

Por quais projetos você está disposta a fazer sacrifícios? 18

O que o mundo precisa e ninguém está fazendo? 20

CAPÍTULO 2

DESCOBRINDO O QUE SEU PROJETO PODE SER

Das ideias do começo, escolha uma para investir sua energia. 22

Registre suas preocupações. 24

Conte sobre seu projeto pra todo mundo. 26

Registre diariamente seu processo e aprenda com ele. 28

Que tarefas você deve fazer para tirar seu projeto do papel em... 30

O que está por trás de seu projeto? 32

Por que você quer fazer o que você quer fazer? 34

Descubra quais problemas seu projeto pode resolver. 36

Escreva pequenas histórias em que esses problemas acontecem. 38

Como você pode resolver esses problemas? 40

Por que as pessoas deveriam se importar com o seu projeto? 42

Quem está fazendo algo parecido com o que você quer fazer? 44

Comece um painel de referências. 46

Quais são os projetos que você mais admira no mundo? 48

Liste as habilidades necessárias para tocar seu projeto. 50

De zero a dez, quanto você está preparado
para tirar seu projeto do papel? 52

O que você pode fazer para aumentar
seu desejo, conhecimento ou ação? 54

Desenhe aqui seus sócios perfeitos. 56

Procure sua turma. Quem são as pessoas que
você gostaria de ter por perto? 58

Descubra quem pode te ajudar. 60

Escreva todas as suas desculpas para
não fazer seu projeto acontecer. 62

Livre-se das distrações. 64

Faça algo hoje que você nunca fez. 66

O que te faz ganhar confiança? 68

Estude a técnica pomodoro. 70

O que é seu projeto? 72

Qual é a mecânica de seu projeto? Como ele funciona em etapas? 74

Como você explicaria seu projeto para... 76

Descreva seu projeto com dez adjetivos. 78

Defina seu projeto de forma clara em 140 caracteres. 80

Defina qual é o valor que você quer entregar com seu projeto. 82

Descreva sua ideia sem usar palavras, só com desenhos. 84

Explique seu projeto apenas com perguntas. 86

Explique seu projeto comparando com algo que já existe. 88

Seu projeto é a combinação do quê? 90

De onde veio a sua ideia? 92

Qual é a notícia do dia seguinte? 94

CAPÍTULO 3
TIRANDO DO PAPEL

Crie 50 nomes para seu projeto. Selecione os cinco melhores. Escolha um. 96

Escreva no espelho do seu banheiro o nome de seu projeto. 98

Crie dez conceitos para seu projeto. Selecione os três melhores. Escolha um. 100

Faça os primeiros esboços do logotipo. 102

Desenhe seu cartão de visitas. 104

Para este projeto ser o melhor investimento do meu tempo... 106

Sintetize os maiores objetivos de seu projeto. 108

Grave um vídeo de dois minutos contando seu projeto. 110

O que seu projeto precisa ter para você se sentir confortável em dizer que ele saiu do papel? 112

O que vai acontecer quando seu projeto sair do papel? 114

Defina o que é sucesso. 116

Comprometa-se publicamente. 118

Seu projeto está avançando? Um brinde! 120

Separe o que seu projeto tem que ter do que seria legal se tivesse. 122

Defina qual é o elemento mais fundamental de seu projeto. 124

Simplifique seu projeto ao máximo até que ele fique muito fácil de ser realizado hoje. 126

Faça uma análise FOFA. 128

Qual é o seu maior desafio neste projeto? 130

Qual é a maior potência do seu projeto? 132

O que pode dar errado em seu projeto? Crie planos B. 134

Invista um dia estudando ferramentas e metodologias. 136

Pire em cenários diferentes. 138

Escreva por 7 minutos, sem tirar a caneta do papel,
novas ideias sobre seu projeto. 140

Mostre que seu projeto está avançando. 142

Se seu projeto é analógico, como ele seria digital?
Se é digital, como ele seria analógico? 144

Pergunte a alguém que você admira o que falta em seu projeto. 146

Por que alguém investiria em seu projeto? 148

O que você faria se tivesse uma grana para investir em seu projeto? 150

Liste as 100 primeiras pessoas que podem se interessar pelo projeto. 152

Desenhe cinco perfis diferentes de públicos para seu projeto. 154

Converse pessoalmente com uma pessoa de cada perfil. 156

Liste dez jeitos diferentes das pessoas descobrirem seu projeto. 158

Onde estão as pessoas que são o público do seu projeto? 160

Liste quais são os medos e frustrações mais comuns do seu público. 162

Como as pessoas economizam com seu projeto? 164

Liste palavras que as pessoas digitariam no Google para encontrar seu projeto. 166

Escreva o e-mail que você gostaria de receber de alguém que amou seu projeto. 168

O que falta para seu projeto acontecer? 170

Peça ajuda publicamente. 172

Escreva seu plano perfeito para tirar seu projeto do papel em dez passos. 174

Quais os gatilhos para você fazer o que precisa fazer? 176

Liste todas as tarefas que você tem que fazer. 178

Organize as tarefas da página anterior numa linha de tempo gasto. 180

Distribua as tarefas considerando o fator prioridade. 182

Realize agora todas as tarefas que são realizáveis em até dez minutos. 184

Faça tarefas parecidas de uma vez só. 186

CAPÍTULO 4
FAZENDO NASCER

Coloque na agenda todos os dias: "trabalhar por dez minutos no projeto". 188

Liste as músicas que te fazem querer trabalhar em seu projeto. 190

Crie lembretes para si mesmo que te façam trabalhar em seu projeto. 192

Abra um espaço no seu cotidiano para trabalhar no seu projeto diariamente. 194

O que você pode tirar da sua rotina para encaixar seu projeto? 196

Crie recompensas para cada tarefa que você realizar. 198

Medite 200

Crie o ambiente de trabalho mais produtivo para você. 202

Organize suas próximas ações com kanban. 204

Passe um final de semana trabalhando em seu projeto. 206

Se você trabalhasse em turno integral pelo seu projeto, como seriam seus dias? 208

Que incômodos te impedem de avançar no seu projeto? 210

Livre-se dos detalhes irrelevantes. 212

Faça o gráfico de empolgação do seu projeto. 214

Tome decisões num piscar de olhos e avance. 216

Pare de reclamar. Passe uma semana sem ser autocrítico. 218

Dê um jeito. 220

O que você está fazendo para se aprimorar? 222

Marque um encontro presencial com seus amigos para apresentar seu projeto. 224

Descubra projetos complementares e tente fazer uma parceria. 226

Descubra os erros mais importantes de quem
já tentou fazer um projeto parecido. 228

Tome um café com quem tem habilidades que você não tem. 230

Que parceiros improváveis poderiam contribuir com o seu projeto? 232

Convide pessoas para fazerem parte de seu projeto. 234

Como outras pessoas poderiam trabalhar voluntariamente em seu projeto? 236

Qual é o seu custo de vida? De quanto você precisa para viver? 238

Como você pode diminuir seu custo de vida? 240

Você precisa de dinheiro para tirar seu projeto do papel? 242

Você precisa de grana ou precisa de coisas? 244

Como você tiraria seu projeto do papel com zero dinheiro? 246

Mapeie os recursos que você já tem. 248

Faça projeções financeiras. 250

Faça um investimento que você sabe que vai te motivar. 252

Como seu projeto poderia ser financiado coletivamente? 254

Separe uma parte de toda a grana que você recebe
por mês e invista em seu projeto. 256

Vá fazer outra coisa. 258

Desenhe a página inicial do site de seu projeto. 260

www.escolhaseudomínio.com 262

Crie perfis nas redes sociais para seu projeto. 264

Organize suas tarefas por importância e urgência. 266

Use o que já existe e faça você mesmo. 268

Faça um "porcótipo". 270

Entregue seu valor para uma única pessoa, por um pequeno instante. 272

Dê a mais pessoas uma amostra grátis de seu projeto. 274

Até agora, onde você considera que acertou e errou? 276

Onde você está? O que você precisa para mudar de lugar? 278

Crie um cronograma para as próximas entregas. 280

Tente vender seu projeto. 282

Mande um e-mail pra gente tentando vender seu projeto. 284

De que outras formas você pode ganhar dinheiro com o seu projeto? 286

O que você não está gostando de fazer pelo seu projeto? 288

O que você faria hoje se tivesse que lançar seu projeto amanhã? 290

Seja menos exigente. 292

Faça um soft opening de seu projeto. 294

Peça feedbacks. 296

Peça por indicações. 298

Faça uma conta de padeiro do seu projeto. 300

Ajuste os últimos detalhes. 302

Aqueça sua rede. 304

Hoje é o grande dia! Tire seu projeto do papel. 306

CAPÍTULO 5

CELEBRANDO, CORRIGINDO E APRENDENDO

Liste aqui tudo que você fez e conquistou com seu projeto até agora. 308

Vá até a página 63. As desculpas ainda fazem sentido? 310

Mande um e-mail para a pessoa que você mais
admira contando sobre seu projeto. 312

Realizou seu projeto? Avise a gente. 314

Releia as páginas anteriores. 316

Colete histórias de quem usou, se beneficiou,
interagiu, consumiu o seu projeto. 318

Priorize as próximas ações. 320

Agradeça às pessoas que te ajudaram a chegar até aqui. 322

Como você pode ensinar outras pessoas a tirarem seus projetos do papel? 324

O que você aprendeu que não deve fazer? 326

O que a próxima versão do seu projeto terá de diferente? 328

Compartilhe nas redes o que mais te dá orgulho sobre seu projeto. 330

Abra a gaveta. Comece de novo. 332

AGRADECIMENTOS 334

OK.
LET'S
GO.

Escreva o que vier à cabeça, seu nome e data.
Hoje é um dia histórico.

DL.: Às vezes a gente só precisa de uma boa desculpa para acabar com as desculpas. Papel aceita tudo. Este livro não vai julgar sua loucura. Espero que ele tenha a chance de tirar de você o que você sempre quis pôr pra fora.

GG.: Você só descobre de verdade quem é uma pessoa depois que conhece os projetos que ela colocou na rua. Através deles podemos perceber onde ela gosta de investir tempo, paixão e energia.

LB.: É nossa função como humanos colocar no mundo a nossa arte. Isso não significa que todos temos que ser artistas no sentido de viver de pintura ou música, mas sim de fazer um trabalho que tenha a nossa personalidade, nossa voz. E a melhor forma de descobrir nossa voz é fazendo coisas.

CAPÍTULO 1

DESCOBRINDO QUEM VOCÊ É

ABRA A GAVETA. VAMOS COMEÇAR.

Tire todas as suas ideias de lá e escreva-as aqui.

DL: Suje o papel o quanto antes, jogue tudo aqui, não filtre.
GG: O que você quer fazer? Se não tiver ideias, não tem problema.
LB: Um projeto artístico, uma empresa, um blog, um autódromo. Coloque aqui tudo que você quer fazer na vida.

QUAL O SEU PROPÓSITO HOJE?

O que você faria de mais especial se tivesse a garantia de que daria certo?	Como você faria do mundo um lugar melhor?	Se você tivesse, por um minuto, a atenção de todas as pessoas do mundo, o que diria a elas?

Propósito:

DL: Acredito que a gente não encontra, nem descobre, nosso propósito. A gente escolhe um, no momento, e pode mudar depois. Então, escreva o que está vivo em você hoje. Este não é um pré-requisito para tirar seu projeto do papel.
GG: Eu não sei a resposta pra essa pergunta. Então não fique chateado se você não souber o seu.
LB: O propósito serve para nortear suas escolhas daqui pra frente. Tudo que você for fazer deve estar de acordo com ele.

O QUE VOCÊ FAZIA QUANDO CRIANÇA QUE TE DEIXAVA MUITO FELIZ?

Na escola? _____

Nas férias? _____

Em casa? _____

No recreio? _____

Com a família? _____

Com os amigos? _____

DL: Ou, ainda, o que você pode fazer hoje que deixaria você,
quando criança, muito feliz?
GG: Rua. Eu gostava de qualquer coisa na rua com os guris de Santa Maria.
LB: Criança é um ser no estado mais puro. Se a gente fazia algo
(sem ninguém nos mandar), era porque a gente queria fazer aquilo.

QUE HISTÓRIA VOCÊ QUER CONTAR AOS 80 ANOS?

Eu me lembro quando...

DL: Se você tem 80 anos, ou mais, imagine sua história aos 120.
GG: Imagina que irado se nessa história tiver a história do seu projeto ou o que você aprendeu com ele.
LB: "Para barco sem rumo, não há vento favorável." Sêneca.

O QUE VOCÊ FARIA AGORA SE GRANA NÃO FOSSE UM OBJETIVO?

DL: O desejo vem primeiro, o dinheiro vem depois.
GG: Um café-xadrez. Um lugar onde as pessoas tomam café e jogam xadrez. Com uma biblioteca bem grande com livros sobre autoconhecimento e filosofia.
LB: Só não vale viajar o mundo. Todo mundo sabe que isso é irado e todo mundo quer fazer. Mas se você faria mesmo isso, espero que esteja lendo este livro na Ilha de Páscoa ou em algum lugar da Ásia.

LISTE TRÊS MOMENTOS ONDE VOCÊ ESTEVE NO SEU MELHOR.

Momento em que estive no meu melhor _____
Eu, no meu melhor, sou _____
Eu, no meu melhor, não sou _____

Momento em que estive no meu melhor _____
Eu, no meu melhor, sou _____
Eu, no meu melhor, não sou _____

Momento em que estive no meu melhor _____
Eu, no meu melhor, sou _____
Eu, no meu melhor, não sou _____

DL: O que você precisa para ser você?

GG: No meu melhor eu sou madrugada produtiva, e não manhã preguiçosa. No meu melhor eu sou colaborativo, e não individualista. No meu melhor estou me divertindo com os outros, e não sério sozinho. No meu melhor eu estou executando algo que pensamos juntos, e não reclamando das dificuldades.

LB: No meu melhor eu costumo ser mais piadista, por exemplo. Se estou sério, é porque tem alguma coisa me incomodando. Quando percebo que não estou piadista, me resta analisar o que está acontecendo e descobrir o incômodo, para resolvê-lo.

DESCUBRA O QUE VOCÊ FAZ BEM.

O que você acredita que faz bem?	O que seus amigos dizem que você faz bem?	O que seus pais acham que você faz bem?

DL: Pergunte pras pessoas sem medo. Peça honestidade e aceite o que vier.

GG: Você é lembrado pelo quê?

LB: Saber o que você faz de melhor é saber quais ferramentas podem ser usadas desde o início para te ajudar.

O QUE SEU PROJETO DEVE POTEN-CIALIZAR EM VOCÊ?

Quero pra mim | Não quero pra mim

DL: O que você vai ganhar? O que você vai aprender? Como você vai ser melhor depois dessa?

GG: Invista energia no que você faz bem.

LB: Lembre da pessoa que você quer ser quando chegar aos 80 anos.

POR QUAIS PROJETOS VOCÊ ESTÁ DISPOSTA A FAZER SACRIFÍCIOS?

Estou disposta	Não estou disposta

DL: Talvez você vire noites, perca tempo, dinheiro, falhe miseravelmente e se frustre. Mas, ainda assim, valerá a pena se escolher projetos apaixonantes.

GG: Empreender é sacrificar muita coisa.

LB: Você está disposta a sofrer? Fazer algo que vai exigir alguns esforços? Eu abdiquei de várias tardes de sábado para desenhar tirinhas, mas valeu a pena. :)

O QUE O MUNDO PRECISA E NINGUÉM ESTÁ FAZENDO?

Liste, pelo menos, 20 coisas.

1)

2)

3)

4)

5)

6)

7)

8)

9)

10)

11)

12)

13)

14)

15)

16)

17)

18)

19)

20)

DL: "Ninguém" talvez seja uma palavra muito forte. Mas a proposta é fazer um projeto raro e valioso pra você. Escolha ideias difíceis. http://bit.ly/333paginas-dificeis
GG: Do que o mundo precisa, o que você acha que está ao seu alcance?
LB: O que te incomoda no dia a dia? O que te irrita? O que melhoraria a sua rotina? Ou a rotina de outras pessoas? A indignação pode ser uma boa motivadora.

CAPÍTULO 2

DESCOBRINDO O QUE SEU PROJETO PODE SER

DAS IDEIAS DO COMEÇO, ESCOLHA UMA PARA INVESTIR SUA ENERGIA.

Quais são as palavras que vêm à sua cabeça quando você pensa nela?

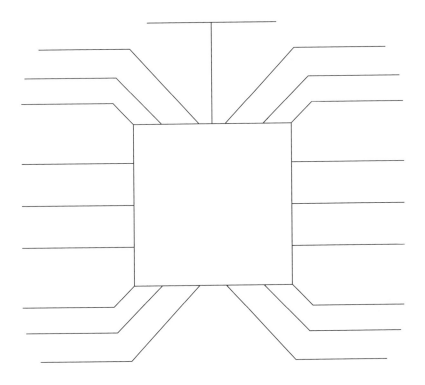

DL: Faça uma coisa de cada vez. Escolha a ideia mais simples, inesperada, concreta, verdadeira, que te toca. Os outros projetos terão sua hora.
GG: Escolha uma e acredite estar fazendo a escolha certa. Mentalize que será possível.
LB: O projeto escolhido está alinhado com as suas respostas das páginas anteriores?

DESCOBRINDO O QUE SEU PROJETO PODE SER

REGISTRE SUAS PREOCUPA-ÇÕES.

Eu tenho medo de _____

porque _____

Eu tenho medo de _____

porque _____

Eu tenho medo de _____

porque _____

Eu tenho medo de _____

porque _____

Eu tenho medo de _____

porque _____

Eu tenho medo de _____

porque _____

Eu tenho medo de _____

porque _____

DL: Libere seu cérebro para que você possa trabalhar no seu projeto.
GG: É importante visualizar seus medos, porque assim você cria estratégias para superá-los.
LB: Uma pesquisa mostrou que um cérebro cheio de preocupações demora mais para fazer conexões criativas.

CONTE SOBRE SEU PROJETO PRA TODO MUNDO.

Pra quem eu contei

Quando

O que achou

O que aprendi

DL: Fale sobre seu projeto o máximo que puder. Compartilhe sua ideia até que ela se torne realidade. Se você tem medo: http://bit.ly/333paginas-conte
GG: Falar para os outros é dar forma ao que você mentaliza. Não tenha medo de que roubem sua ideia.
LB: Falar para os outros é se comprometer. Comprometimento é responsabilidade. Responsabilidade é ação ;)

REGISTRE DIARIAMENTE SEU PROCESSO E APRENDA COM ELE.

Dia _____ eu fiz _____
_____
_____
_____.

Dia _____ eu fiz _____
_____
_____
_____.

Dia _____ eu fiz _____
_____
_____
_____.

Dia _____ eu fiz _____
_____
_____
_____.

Dia _____ eu fiz _____
_____
_____
_____.

Dia _____ eu fiz _____
_____
_____
_____.

DL: Todas as noites, faça uma lista das coisas que você fez.
GG: Vídeos são uma boa forma.
LB: A famosa autoterapia.

QUE TAREFAS VOCÊ DEVE FAZER PARA TIRAR SEU PROJETO DO PAPEL EM...

Um ano	Um mês	Uma semana	Um dia

DL: Eu começaria fazendo o que dá pra fazer em um dia.
GG: Eu gosto de pensar para uma semana.
LB: Dá pra fazer num dia ou semana? Eureka. A vida é
muito curta para demorar um ano.

O QUE ESTÁ POR TRÁS DE SEU PROJETO?

Motivações	Dúvidas	Sentimentos

DL: O que está por trás do seu projeto é o que pode levá-lo pra frente.
GG: Você é o seu maior recurso.
LB: Quanto mais honesto você for consigo mesmo, mais honesto seu projeto será.

POR QUE VOCÊ QUER FAZER O QUE VOCÊ QUER FAZER?

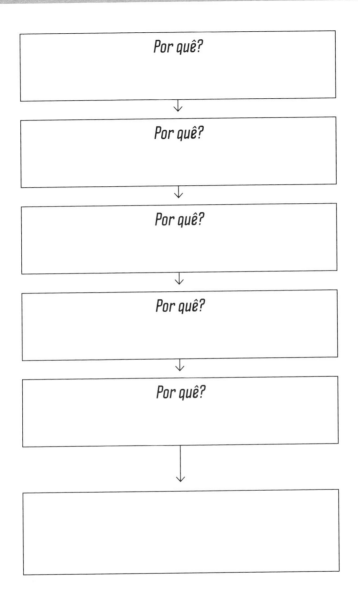

DL: Vá fundo. Não desista. Investigue os porquês dos seus porquês.
GG: Essa página vale o livro inteiro.
LB: Por quê?

DESCOBRINDO O QUE SEU PROJETO PODE SER

DESCUBRA QUAIS PROBLEMAS SEU PROJETO PODE RESOLVER.

DL: Quanto mais você souber sobre os problemas, mais chances terá de resolvê-los com seu projeto. Pergunte publicamente.
GG: Esse problema também é de outras pessoas? Investigue como as pessoas lidam com esse problema, agora.
LB: Aqui servem problemas internos também. Sente falta de expressar seus sentimentos? Sente falta de exercitar sua criatividade? Talvez um projeto artístico seja a sua solução.

ESCREVA PEQUENAS HISTÓRIAS EM QUE ESSES PROBLEMAS ACONTECEM.

_____

(pessoa) é

_____
_____

(caracterização do público)

e quer _____
_____

(desejo).

Mas _____
_____

(problema).

Porque _____
_____

(explicação do problema).

Isso acontece quando _____
_____

(aprofundamento do problema).

DL: Isso ajuda a entender mais sobre o que você quer resolver.
GG: Histórias dos outros ajudam a contar a sua história.
LB: Isso ajuda a enxergar seu público.

COMO VOCÊ PODE RESOLVER ESSES PROBLEMAS?

Crie sua hipótese de valor.

Se eu fizer (projeto) _____
(ação, entrega, serviço, produto)

Pode ser que (solução) _____
(resultado, efeito, solução, reação)

DL: Toda ação deve estar a favor do valor que você quer gerar.
GG: Entre na raiz do problema.
LB: Brainstorming. Pega a caneta e sai anotando todas as formas
que vêm na sua cabeça. Se você não sabe o que é um brainstorming,
joga no Google agora, vai ser importante para o resto do livro ;)

POR QUE AS PESSOAS DEVERIAM SE IMPORTAR COM O SEU PROJETO?

Porque elas desejam...

Porque elas precisam de...

Porque elas querem evitar...

Porque elas não conseguem...

Porque elas valorizam...

DL: Esses argumentos vão te ajudar a mostrar o valor do seu projeto pras pessoas.
GG: Muitas vezes assumimos que nosso projeto é importante para todo mundo. Seja honesto e veja qual valor real seu projeto pode gerar.
LB: Isso vai te ajudar a encontrar o mote do seu storytelling.

QUEM ESTÁ FAZENDO ALGO PARECIDO COM O QUE VOCÊ QUER FAZER?

Quem

Onde

É parecido porque

DL: Só veja referências enquanto isso estiver te inspirando.

GG: Se você encontrar algum projeto igual, faça mesmo assim.

LB: Estude tudo sobre cada uma delas. Instagram, Vimeo, Youtube, Snapchat, Linkedin, Facebook, estude a vida pessoal do artista. É hora de ser stalker.

COMECE UM PAINEL DE REFERÊNCIAS.

Referência	O que tem de melhor	O que tem de pior	O que oferece	O que não oferece	Pontos fortes	Pontos fracos

DL: Pense em livros, eventos, cursos, filmes, documentários, pessoas, lugares, pessoas, vá além do seu universo. Pare de olhar referências quando elas se tornarem mais importantes do que o seu projeto.

GG: Referência é repertório, algo muito importante em todo o processo criativo. Tudo que a gente consome vira nossa referência. Lugares que visitamos, livros que já lemos, tudo é referência. Criatividade é combinar coisas. Então quanto mais coisas você conhece maior a chance de criar coisas novas. Acompanhe as pessoas e projetos que te inspiram para aprender com os acertos e erros de cada um. Não tenha medo de emular o que você acredita que funciona.

LB: Logotipos que você acha bonito. Perfis que você acha massa. Exemplos de posts. Exemplos de linguagem. Nomes de que você gosta. Não replique no seu projeto as características que você não gosta dos outros.

QUAIS SÃO OS PROJE-TOS QUE VOCÊ MAIS ADMI-RA NO MUNDO?

Qual o projeto?

O que você admira nele?

DL: E se teu projeto tiver um pouquinho de cada um?
GG: Aprenda a admirá-los de uma forma criativa, sabendo que pode emular o que existe de melhor. Saber copiar, transformar e combinar é uma grande habilidade.
LB: Faça um post no Medium com esta página. Vai bombar.

LISTE AS HABILIDADES NECESSÁRIAS PARA TOCAR SEU PROJETO.

Habilidade

Você as tem? Quanto?

Quem tem as que você não tem?

DL: Trabalhe com as habilidades que você já tem. Não se preocupe com o que não tem, agora. Desenvolva elas ao longo do tempo, não as torne um pré-requisito para o seu projeto sair do papel.
GG: Se não tem as habilidades necessárias, vá atrás de quem tem.
LB: Será que não é hora de chamar alguém pra te ajudar?

DE ZERO A DEZ, QUANTO VOCÊ ESTÁ PREPARA-DO PARA TIRAR SEU PROJETO DO PAPEL?

Quanto desejo você tem pelo seu projeto?

Quanto conhecimento você tem para tirar seu projeto do papel?

Quanta ação você está dedicando ao seu projeto?

* Kayrósgrama de Oswaldo Oliveira

DL: O que está faltando pra aumentar cada barra?
GG: Tudo na vida acontece quando desejo, conhecimento e ação atingem um nível alto.
LB: Desejo e conhecimento não são nada sem ação. Conhecimento e ação não são nada sem desejo. Ação e desejo não são nada sem um mínimo de conhecimento.

O QUE VOCÊ PODE FAZER PARA AUMENTAR SEU DESEJO, CONHECIMENTO OU AÇÃO?

Para aumentar meu desejo eu vou:

Para aumentar meu conhecimento eu vou:

Para aumentar minha ação eu vou:

DL: Você nunca estará pronto o suficiente. Sempre faltará algo. Esse é um bom motivo pra dançar com teu medo e começar agora. Faça. Só assim você se sentirá mais preparada.

GG: Invista tempo aperfeiçoando-se.

LB: "Uma pessoa que procrastina em suas escolhas inevitavelmente terá suas escolhas feitas pelas circunstâncias." Hunter S. Thompson

DESENHE AQUI SEUS SÓCIOS PERFEITOS.

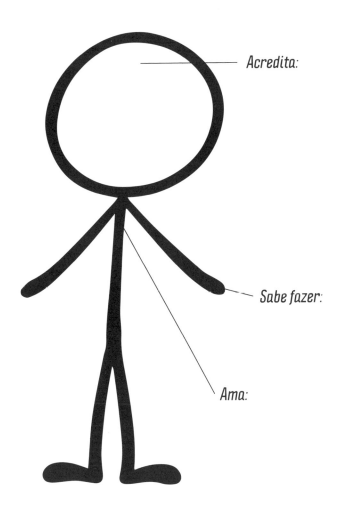

DL: Você nunca vai encontrá-los. Mas talvez encontre pessoas ainda melhores.
GG: Ao desenhar, quem vem à sua cabeça?
LB: Talvez a sociedade perfeita esteja dentro de você.

DESCOBRINDO O QUE SEU PROJETO PODE SER

PROCURE SUA TURMA. QUEM SÃO AS PESSOAS QUE VOCÊ GOSTARIA DE TER POR PERTO?

Nome:	Como você pode se aproximar dela?

DL: Chame essa galera pra um jantar, um café, seja cara de pau.
GG: Comece a andar com pessoas que te motivam a fazer seu projeto acontecer.
LB: Você é a média das cinco pessoas que mais andam com você.

DESCUBRA QUEM PODE TE AJUDAR.

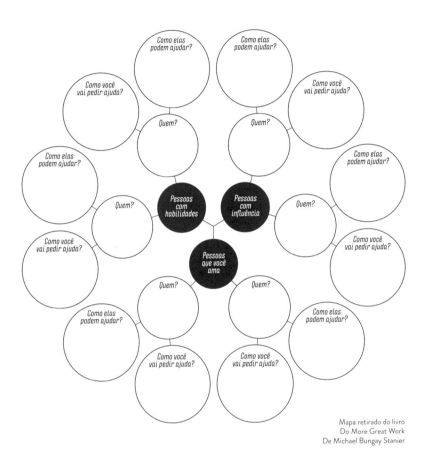

Mapa retirado do livro
Do More Great Work
De Michael Bungay Stanier

DL: Ajude antes de pedir ajuda.
GG: Pense em todas as pessoas que podem te ajudar.
LB: Encontrou alguém que pode? Beleza, agora é hora de saber se a pessoa quer. Tem pessoas que dizem "sim" porque não sabem dizer "não", e isso pode te atrapalhar no longo prazo. Questione as motivações da pessoa, peça para ela ser bem sincera com você, assim você não corre o risco de ser deixado na mão.

ESCREVA TODAS AS SUAS DESCULPAS PARA NÃO FAZER SEU PROJETO ACONTECER.

Algumas desculpas pra adiantar seu trabalho: falta de grana, falta de coragem, falta de capacidade, falta de tempo, falta de ritmo, falta de disciplina, falta de equipe, falta de conhecimento, falta de clareza, falta de organização.

Desculpa:	O que você vai fazer para resolvê-la?

DL: Se você alimentar suas desculpas, elas vão te engolir.
GG: Is it too late now to say sorry?
LB: Seth Godin fala em algum dos livros dele que arranjar desculpas pra não fazer algo acaba condicionando nosso cérebro. Com o tempo ele pensa que a resposta padrão para as coisas é arranjar uma desculpa e não fazer. Não condicione seu cérebro com desculpas.

LIVRE-SE DAS DISTRAÇÕES.

- [ ] Tirar a TV da tomada.   [ ]

- [ ] Deletar apps de redes sociais.   [ ]

- [ ] Desinstalar outros joguinhos.   [ ]

- [ ] Parar de ver todas aquelas séries.   [ ]

- [ ] Bloquear o Facebook.   [ ]

[ ]   [ ]

[ ]   [ ]

[ ]   [ ]

DL: Vá trabalhar num café, numa biblioteca, num coworking, num outro lugar onde seu principal objetivo seja trabalhar apenas no seu projeto.

GG: Deleta o Instagram por umas semanas. Confia que é bom.

LB: Compre meu livro O Poder do Tempo Livre em alguma livraria perto de você e vá até a página 35. Ela explica bem por que essa tarefa é importante. #Merchan

FAÇA ALGO HOJE QUE VOCÊ NUNCA FEZ.

O que você fez?

DL: Sair da Zona de Conforto não significa entrar na Zona de Perigo.
http://bit.ly/333paginas-zona
GG: Acostume-se a sair da zona de conforto. Tocar um projeto como o que você está pensando exige coragem, e sair da zona de conforto te dá isso.
LB: Para tirar algo do papel é necessário sair constantemente da ZDC. É melhor você se acostumar com isso.

O QUE TE FAZ GANHAR CONFIANÇA?

Esta página serve como um combustível de motivação. Confiança sempre ajuda no processo de colocar algo no mundo. Recorra a ela sempre que necessário.

DL: Exemplos: Receber feedbacks positivos. Um mural de Post-its com as coisas incríveis que você já fez.

GG: Tenho duas músicas que me dão muita confiança. Quais são as tuas?

LB: Veja o Happy Jar do Tim Ferris: http://bit.ly/333paginas-happyjar

ESTUDE A TÉCNICA POMODORO.

A técnica consiste na utilização de um cronômetro para dividir o trabalho em períodos de 25 minutos para realizar uma tarefa de cada vez, separados por breves intervalos de 5 ou 10 minutos. Realize as próximas cinco páginas com essa técnica em um dia. A vida é muito curta.

DL: Estabeleça limites e siga-os com disciplina. A vida não é um moranguinho, mas pode ser doce.

GG: Eu amo Pomodoro. Uso direto para trabalhos que importam.

LB: Os Irmãos Kelley, que fundaram a IDEO, dizem que a procrastinação não pode ser vista como característica e sim como um obstáculo. Se você vê como característica, você vai achar que não tem solução. Mas ao ver como obstáculo, ela pode ser vencida.

O QUE É SEU PROJETO?

- [ ] Estudo
- [ ] Plataforma
- [ ] Aplicativo
- [ ] Pesquisa
- [ ] Blog
- [ ] Página no Facebook
- [ ] Canal no YouTube
- [ ] Livro
- [ ] Curso
- [ ] Perfil do Instagram
- [ ] Websérie
- [ ] Zine
- [ ] Banda
- [ ] Site
- [ ] Evento
- [ ] Grupo do Facebook

- [ ] Exposição
- [ ] Viagem
- [ ] Filme
- [ ] Consultoria
- [ ] Grupo
- [ ] Coletivo
- [ ] Loja
- [ ] Restaurante
- [ ] Show
- [ ] Festival
- [ ] Bloco de carnaval
- [ ] Grupo de discussão
- [ ] Feira
- [ ] Revista
- [ ] Matéria

DL: Onde você se sente mais confortável? Você não precisa começar com tudo.

GG: Seja objetivo.

LB: Entender o que ele é te ajuda a explicá-lo. Pode marcar mais de uma opção. Escolha sua plataforma de acordo com o que seu projeto precisa. Agilidade? Instagram é uma boa. Profundidade? Talvez uma newsletter resolva.

QUAL É A MECÂNICA DE SEU PROJETO? COMO ELE FUNCIONA EM ETAPAS?

Usando o Uber como exemplo:

> **Etapa 1:**
> A pessoa define o local de partida e chegada e solicita um carro

↓

> **Etapa 2:**
> O motorista leva ela até o destino

↓

> **Etapa 3:**
> O passageiro faz o pagamento via cartão de crédito

DL: Simplifique com poucas etapas e poucas palavras.
GG: Qual das etapas já está redondinha?
LB: Separar em etapas = planejamento macro. E podem ser mais de 3 etapas.

COMO VOCÊ EXPLICARIA SEU PROJETO PARA...

Um especialista na área do projeto?

Uma criança?

Seus pais?

Um possível interessado no projeto?

DL: Explicar seu projeto te ajuda a entender mais sobre ele.

GG: Explique para pessoas que entendem o que você quer fazer e explique para pessoas que não fazem a menor ideia do que você quer fazer. Os feedbacks serão muito diferentes e você pode aprender com isso.

LB: Uma provocação: uma vez me disseram que se você explicar para alguém um projeto e a outra pessoa entender de primeira, é porque você não está inovando o suficiente.

DESCREVA SEU PROJETO COM DEZ ADJETIVOS.

1)

2)

3)

4)

5)

6)

7)

8)

9)

10)

DL: Escolha adjetivos inusitados, fortes e verdadeiros.
GG: Este livro: objetivo, provocador, inspirador, contemporâneo, esperto, ousado, reflexivo, combinativo, estimulante, noturno.
LB: Não me venha com "inovador"!

DEFINA SEU PROJETO DE FORMA CLARA EM 140 CARACTERES.

DL: Use uma caneta grossa, você não vai conseguir escrever muito com ela. Saudades do Twitter com até 140 caracteres.
GG: É importante saber ser breve. Nem sempre temos uma hora para apresentar nossa ideia.
LB: 280 caracteres é para os fracos.

DEFINA QUAL É O VALOR QUE VOCÊ QUER ENTREGAR COM SEU PROJETO.

Faça escolhas, não seja genérico, seja o mais específico possível para conversar com seu público a partir do que ele precisa e quer ouvir. Algumas perguntas para ajudar:
Qual dos problemas que as pessoas têm vou resolver?
Que necessidades as pessoas têm que eu vou atender?
Que valor as pessoas reconhecem no meu projeto?

DL: Identifique o que é valioso o quanto antes e foque em construir esse valor através do seu projeto.

GG: O valor que seu projeto entrega é o coração da sua ideia. Proteja ele com força.

LB: Esse valor deve ficar claro na sua comunicação.

DESCREVA SUA IDEIA SEM USAR PALAVRAS, SÓ COM DESENHOS.

DL: Pode parecer bobo, mas não é. Desenhar ajuda a pensar de outra forma.
GG: O.O
LB: \o/

EXPLIQUE SEU PROJETO APENAS COM PERGUNTAS.

E se...?
Exemplo: "E se a gente pudesse tirar uma ideia do papel em 333 páginas?"

Quando foi que...?
Exemplo: "Quando foi que você precisou de um transporte mas não tinha dinheiro vivo à mão?"

Você já pensou...?
Exemplo: "Você já pensou em financiar um projeto pessoal com várias pessoas pagando uma pequena parte dele?"

Como você...?
Exemplo: "Como você poderia se alimentar reaproveitando alimentos dos vizinhos?"

DL: Perguntas convidam à reflexão, conexão e ação.

GG: Quantos projetos estão na sua gaveta? Você compraria um livro que te ajuda a tirar ideias do papel?

LB: Perguntas são ótimas para iniciar comerciais da Polishop.

EXPLIQUE SEU PROJETO COMPARANDO COM ALGO QUE JÁ EXISTE.

É tipo _____
(referência que já existe)

só que _____
(seu diferencial)

É tipo _____
(referência que já existe)

só que _____
(seu diferencial)

É tipo _____
(referência que já existe)

só que _____
(seu diferencial)

É tipo _____
(referência que já existe)

só que _____
(seu diferencial)

É tipo _____
(referência que já existe)

só que _____
(seu diferencial)

DL: É tipo um Netflix, só que de comida orgânica.
GG: É tipo um Tinder, só que de fotógrafos.
LB: É tipo um Humans of New York, só que de comida.

SEU PROJETO É A COMBINAÇÃO DO QUÊ?

Seu projeto na potência máxima.

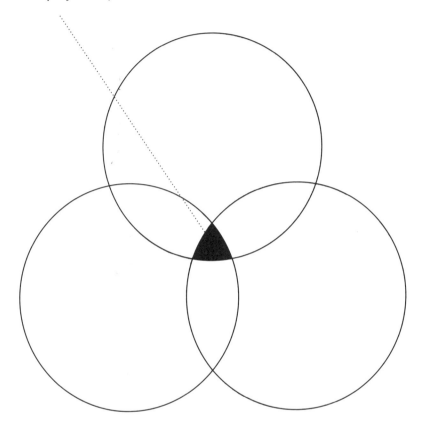

DL: "Meu projeto tem três pilares..."
GG: É legal pensar nisso pra enxergar quais são suas fortalezas.
LB: Quais dessas áreas de interesse que você está contemplando no seu projeto?

DE ONDE VEIO A SUA IDEIA?

Como ela surgiu?

Onde você estava?

O que você sentiu que fez se interessar por essa ideia?

Por que foi importante pra você?

Como o projeto evoluiu até aqui?

DL: Como a história de seu projeto se relaciona com a sua história de vida? O diferencial do seu projeto é a sua autenticidade. http://bit.ly/333paginas-diferencial
GG: Imagine que você vai dar uma palestra e pediram para que você contasse como tudo começou.
LB: O seu ponto de partida diz muito sobre o que importa para você.

QUAL É A NOTÍCIA DO DIA SEGUINTE?

Qual manchete surpreendente surgiria na mídia depois que você lançasse o seu projeto?

DL: Como seu projeto pode ser interessante o suficiente para virar notícia?
GG: Imaginar a notícia do dia seguinte ajuda a entender o que há de diferente no seu projeto.
LB: Chame a atenção fazendo algo diferente. "Cachorro morde homem" não é notícia, "Homem morde cachorro" é.

CAPÍTULO 3

TIRANDO DO PAPEL

CRIE 50 NOMES PARA SEU PROJETO. SELECIONE OS CINCO MELHORES. ESCOLHA UM.

DL: Se você não achou o nome, escolha o menos pior e bola pra frente.

GG: Da quantidade vem a qualidade. Mostre pra alguém os cinco melhores. Se não surgir nada, volte nessa página depois. Apresente os cinco para amigos.

LB: Quanto mais nomes, maior a chance de surgir algo bom. PS: Não me venha com nomes em italiano que acabem com "are". Exemplo: Criare, Mangiare, Blogare.

ESCREVA NO ESPELHO DO SEU BANHEIRO O NOME DE SEU PROJETO.

Faça um rascunho aqui. Como vai ficar um bom tempo no seu espelho, é bom fazer bem-feito ;)

DL: Use um batom vermelho.
GG: Use um Post-it.
LB: Use um marcador de CD.

CRIE DEZ CONCEITOS PARA SEU PROJETO. SELECIONE OS TRÊS MELHORES. ESCOLHA UM.

Conceito é uma definição curta do seu projeto.
Ex.: "Um livro que te diz o que fazer para você fazer o que quiser."

_____

_____

_____

_____

_____

_____

_____

_____

DL: Tente responder o que é, como funciona ou por que seu projeto existe.

GG: Tipo um subtítulo.

LB: A bio de Instagram do seu projeto. O da Shoot The Shit é "comunicação para impacto social".

FAÇA OS PRIMEIROS ESBOÇOS DO LOGOTIPO.

DL: Você vai poder mudar depois.

GG: Se precisar de ajuda, tô aqui.

LB: Desenhe o máximo de figuras que representem o seu projeto ou o nome dele. A NASA, por exemplo, pode ser representada com: foguete, planeta, estrelas, fogo, céu, sol, lua, astronauta, capacete de astronauta, dinheiro, órbita, satélite, e por aí vai... Ter bastantes elementos te ajuda a escolher um ícone/elemento mais único.

DESENHE SEU CARTÃO DE VISITAS.

[quadro em branco]

Frente

[quadro em branco]

Verso

DL: E se você imprimir e distribuir alguns?

GG: Eu odeio cartões de visita. kkkk

LB: O cargo que você colocar nele é o trabalho que você vai ter.

PARA ESTE PROJETO SER O MELHOR INVESTIMEN-TO DO MEU TEMPO...

Ele tem que _____

Ele tem que _____

Ele tem que _____

Ele tem que _____

Ele tem que _____

Ele tem que _____

Ele tem que _____

Ele tem que _____

Ele tem que _____

DL: O que é imprescindível? Como seu projeto cuida do que é mais importante pra você?

GG: "... se ele fizer eu me sentir produtivo." Eu quase sempre respondo isso nesse tipo de pergunta.

LB: Essa dinâmica se chama Círculo Dos Sonhos, uma metodologia que ajuda pessoas a criar projetos mais alinhados com suas expectativas. Após listar vários itens que um projeto precisa ter, é hora de fazer a profecia se realizar.

SINTETIZE OS MAIORES OBJETIVOS DE SEU PROJETO.

Uma boa estrutura é: _____ (verbo) ___ (público) _____ (resultado)
Exemplo: "Tirar famílias brasileiras da extrema pobreza."

DL: Bons objetivos são específicos, mensuráveis, atingíveis, realistas e adequados ao momento. http://bit.ly/333paginas-objetivos

GG: Imagine o ponto B. Onde você quer chegar. Sem viajar muito, onde você é capaz de levar as pessoas?

LB: Aprender um skill novo que será usado no seu trabalho diário pode ser um bom objetivo para um projeto.

GRAVE UM VÍDEO DE DOIS MINUTOS CONTANDO SEU PROJETO.

Escreva aqui o roteiro do vídeo.

DL: Não tenha vergonha. Nada de ruim vai acontecer. Quanto mais você falar sobre seu projeto, mais você vai tirá-lo do papel.

GG: Busque nas páginas anteriores conclusões em que você já chegou e que podem ajudar no seu roteiro.

LB: "Quem elegeu a busca, não pode recusar a travessia." Guimarães Rosa

O QUE SEU PROJETO PRECISA TER PARA VOCÊ SE SENTIR CONFORTÁVEL EM DIZER QUE ELE SAIU DO PAPEL?

DL: Não seja tão exigente. Isso pode dificultar o processo.
GG: De novo, alinhamento de expectativas.
LB: Defina aquele momento que fará você falar "eu fiz" ao invés de "vou fazer".

O QUE VAI ACONTECER QUANDO SEU PROJETO SAIR DO PAPEL?

Com você:

Com as pessoas:

Com o mundo:

DL: Você pode imaginar. Mas só terá certeza depois de realmente tirá-lo do papel.
GG: De novo, ponto B. Que transformação você gera com o que está querendo fazer?
LB: "Quando se sonha tão grande, a realidade aprende." Valter Hugo Mãe

DEFINA O QUE É SUCESSO.

Para você:

Para o seu projeto:

DL: Essa é uma chance pra você definir seus próprios parâmetros.
http://bit.ly/333paginas-sucesso
GG: Pra mim sucesso é estar pronto para a próxima. E para você, quando estará feliz para dar o próximo passo?
LB: Não pense apenas nas outras pessoas, pense no que você quer alcançar. Escrevendo Feldman, uma história em quadrinhos exclusiva para Instagram, minha definição de sucesso é acabar ela. Todo o resto é consequência.

COMPRO-
-META-SE
PUBLICA-
MENTE.

Publique no seu Facebook:

"Eu me comprometo em lançar pro mundo _____
_____
_____
_____
_____
_____
_____
_____
_____
_____

Até dia _____

Pra mim, isso significa _____
_____
_____
_____
_____
_____
_____."

DL: Não deixe de fazer essa. Comprometer-se publicamente aumenta em 100 vezes as chances do seu projeto sair do papel.
GG: Vai! Sem frescura!
LB: Peça para quem se interessar deixar seu e-mail nos comentários, pra já ir criando um mailing.

SEU PROJETO ESTÁ AVANÇANDO? UM BRINDE!

Como ele estava quando você começou a ler este livro?

DL: Celebrar é tão importante quanto sonhar, planejar ou executar.
GG: Celebre com força.
LB: A cada pequeno avanço, faça a Power Pose. Busque no Google se você não sabe como fazê-la.

SEPARE O QUE SEU PROJETO TEM QUE TER DO QUE SERIA LEGAL SE TIVESSE.

Tem que ter:
Exemplo: desafios que ajudam as pessoas a tirarem seus projetos do papel, linguagem simples e dinâmica.

Legal se tivesse:
Exemplo: uma conta de Instagram que todo dia posta uma página preta, verniz na capa, cor nas páginas.

DL: Só trabalhe no que seria legal se tivesse depois de ter concluído o que tem que ter.

GG: O que você está fazendo agora é mesmo a coisa mais importante para tirar seu projeto do papel?

LB: Concordo com os guris, mas nunca perca o que seria legal de vista.

DEFINA QUAL É O ELEMENTO MAIS FUNDA-MENTAL DE SEU PROJETO.

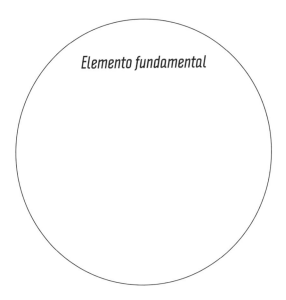

DL: O elemento mais fundamental é o epicentro. Sem ele, seu projeto não existe.
http://bit.ly/333paginas-epicentro
GG: Isso é muito importante. As pessoas se perdem aqui. Falta clareza.
LB: O resto é importante, mas se você tiver que focar numa coisa só, é o epicentro.

SIMPLIFIQUE SEU PROJETO AO MÁXIMO ATÉ QUE ELE FIQUE MUITO FÁCIL DE SER REALIZADO HOJE.

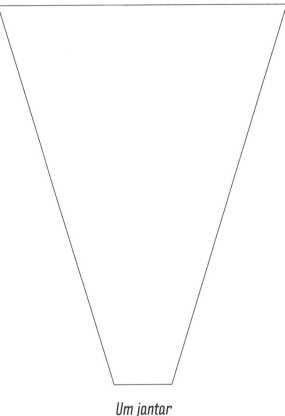

Exemplo: Restaurante

Um jantar

DL: Se você não consegue enxergar seu projeto da forma mais simples, não conseguirá concebê-lo da forma mais complexa.
GG: Simplificar é o máximo da sofisticação.
LB: Para escrever Feldman, que citei alguns comentários atrás, poderia ter esperado uma editora abraçar a ideia. Decidi pelo jeito mais simples de ver a história no mundo, pois isso já me satisfaz.

FAÇA UMA ANÁLISE FOFA.

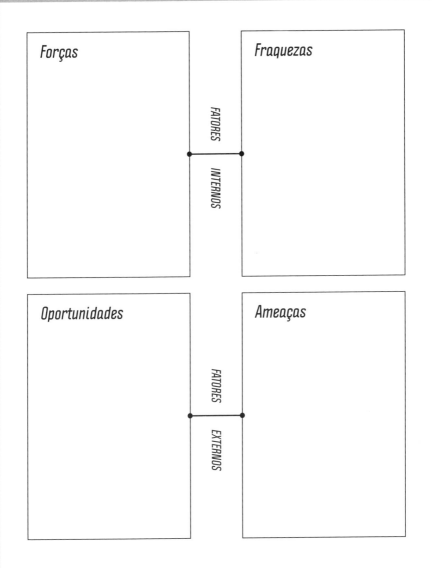

DL: Como suas forças e oportunidades minimizam as fraquezas e ameaças?
GG: Esta análise leva a um melhor entendimento sobre o que o projeto ou organização pode oferecer, principais fraquezas que precisam ser trabalhadas para se obter sucesso, e onde trazer parceiras externas para auxiliar.
LB: Não é porque é "fofa" que você deve pegar leve com essa página.

QUAL É O SEU MAIOR DESAFIO NESTE PROJETO?

Olhe para as fraquezas e ameaças da página anterior e encontre soluções.

Desafio:

Soluções:

DL: É comum a gente achar que temos que resolver tudo sozinhos. Mas não é muito esperto. Pedir ajuda, recorrer às soluções que já foram experimentadas ou distribuir os desafios é sempre um caminho mais bonito.

GG: Peça ajuda.

LB: Meu desafio com este livro era trabalhar com duas pessoas totalmente a distância. Uma das soluções foi fazer reuniões assíncronas por WhatsApp.

QUAL É A MAIOR POTÊNCIA DO SEU PROJETO?

Olhe para as forças e oportunidades e descubra seu superpoder.

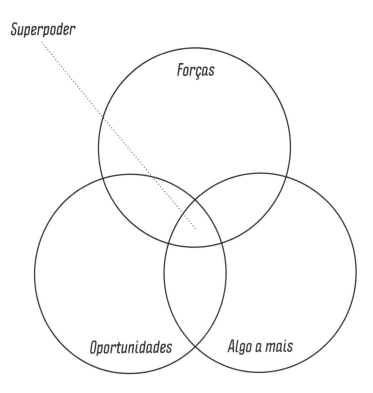

DL: Se você não sabe, talvez seja o momento de experimentar mais, desenvolver mais, as potências vão se revelando no fazer.
GG: Se você é bom em matemática e mais ou menos em história, você deve contratar um professor particular de... matemática! 1+1=3
LB: Se precisar, crie novas bolas nesse diagrama.

O QUE PODE DAR ERRADO EM SEU PROJETO? CRIE PLANOS B.

O que pode dar errado?

Como prevenir?

Como resolver?

DL: Eu não me preocuparia com isso. Direcionaria atenção pro que pode dar certo e só criaria um plano B quando precisasse de um.

GG: Eu me preocuparia com isso sim <3 Um bom estoico prevê situações de desajuste para estar preparado a elas. Assista: youtu.be/5J6jAC6XxAI

LB: Se o plano A der errado, existem outras 25 letras para você usar.

INVISTA UM DIA ESTUDANDO FERRAMENTAS E METODOLOGIAS.

- [ ] *Brainstorming*
- [ ] *Scrum*

- [ ] *Storyboard*
- [ ] *Dragon Dreaming*

- [ ] *Roadmap*
- [ ] *Design Thinking*

- [ ] *Business Model Canvas*
- [ ] *Lean Startup*

- [ ] *Business Model You*
- [ ] *Time boxing*

- [ ] *Mapa de Empatia*
- [ ] *etc.*

- [ ] *Value Design Proposition*

DL: Não estude excessivamente a ponto de paralisar. Faça seus estudos tirarem seu projeto do papel.

GG: Estude as ferramentas mas não terceirize a elas a responsabilidade de fazer seu projeto acontecer. São ferramentas, não pessoas. Só pessoas podem fazer as coisas acontecer.

LB: Estude também ferramentas para botar isso em prática: Trello, Asana, Wunderlist, Slack, Basecamp.

PIRE EM CENÁRIOS DIFERENTES.

Como seu projeto funcionaria se fosse...

Por assinaturas:	**Só pra convidados:**
Uma vez por mês:	**De graça:**
Público:	**Voluntário:**
Caro:	**No Japão:**

DL: Aqui seu projeto começa a se tornar matéria-prima pra outros projetos.
GG: Pire. Pense outras formas mais simples e complexas do seu projeto existir.
LB: Talvez exista um formato que você nunca havia imaginado esperando para ser descoberto.

ESCREVA POR 7 MINUTOS, SEM TIRAR A CANETA DO PAPEL, NOVAS IDEIAS SOBRE SEU PROJETO.

DL: Não julgue, apenas escreva. O que vier nos minutos finais
pode ser muito valioso.
GG: Importante: tem que ser com caneta. Não no computador.
LB: Essa dinâmica se chama Freefall Writing. E nela é expressamente proibido parar
de escrever. Acerte o cronômetro, bote uma música pilhante e só pare de escrever
quando o tempo acabar. Sem pausas, sem pensar no que vai escrever. Essa pressão
vai obrigar seu cérebro a buscar ideias que você não sabia que estavam guardadas.

MOSTRE QUE SEU PROJETO ESTÁ AVANÇANDO.

Tire uma foto do que você está fazendo e publique no Instagram.

DL: #333paginas
GG: É importante mostrar pro mundo que seu projeto está ganhando corpo.
LB: Compartilhar algo todo dia é uma dica do Austin Kleon para que pessoas comecem a chegar até você.

SE SEU PROJETO É ANALÓGICO, COMO ELE SERIA DIGITAL? SE É DIGITAL, COMO ELE SERIA ANALÓGICO?

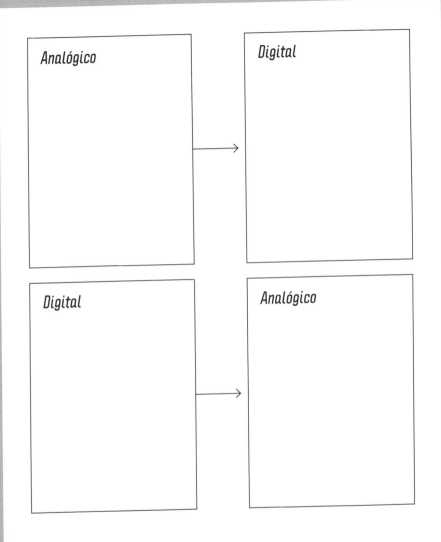

DL: Pense ao contrário.
GG: Este livro também é um PDF, que é entregue gratuitamente gerando interesse para o livro físico.
LB: Um dia imprimi minhas tirinhas em adesivos e colei em pontos de ônibus. Isso gerou um conteúdo diferente para minha página (um vídeo), e atingiu um público na rua que jamais chegaria até mim organicamente.

PERGUNTE A ALGUÉM QUE VOCÊ ADMIRA O QUE FALTA EM SEU PROJETO.

Escreva aqui o que ela disse e sublinhe as palavras que você acha mais importantes.

DL: Mande um e-mail, uma direct, mesmo que você não conheça a pessoa, dê um jeito.
GG: Prepare-se. Vem verdade aí.
LB: Escolha aquela pessoa com quem você tem mais intimidade, pois você quer verdades, e não elogios.

POR QUE ALGUÉM INVESTIRIA EM SEU PROJETO?

Liste cinco argumentos diferentes:

DL: Você investiria no seu projeto se ele não fosse seu? Por quê?
GG: Vá até a página da análise FOFA e veja das Forças, quais são
as mais "investíveis".
LB: Eu invisto se nele tiver espaço pra eu fazer meu stand-up comedy kkk

O QUE VOCÊ FARIA SE TIVESSE UMA GRANA PARA INVESTIR EM SEU PROJETO?

R$ 100

R$ 1 mil

R$ 10 mil

R$ 1 milhão

DL: Como você pode potencializar a entrega do valor do seu projeto? Invista a grana que estaria disposto a perder.

GG: Eu passaria mais tempo pensando no valor de R$10.000.

LB: Este livro seria só um pôster com todas as dicas se só tivéssemos R$ 100 (juro).

LISTE AS 100 PRIMEIRAS PESSOAS QUE PODEM SE INTERESSAR PELO PROJETO.

DL: Depois, fale com elas.

GG: Acho 100 pessoas muito. Eu pensaria em 20 boas pessoas que se interessariam pelo seu projeto.

LB: Mande um e-mail humano, não uma mesma mensagem pra todo mundo. As pessoas sabem quando o texto é igual pra todos.

DESENHE CINCO PERFIS DIFERENTES DE PÚBLICOS PARA SEU PROJETO.

_____

(pessoa)

tem _____

(problema)

e precisa de _____

(necessidade)

Meu projeto pode ajudar porque _____

_____

(valor)

_____

(pessoa)

tem _____

(problema)

e precisa de _____

(necessidade)

Meu projeto pode ajudar porque _____

_____

(valor)

DL: Quem mais pode se beneficiar com o seu projeto?

GG: Às vezes, pessoas que você nem imagina podem querer o que você está fazendo.

LB: Alguns dos perfis de público para este livro são: empreendedores, pessoas que querem empreender, galera que está insatisfeita no seu trabalho e não sabe o que fazer.

CONVERSE PESSOALMENTE COM UMA PESSOA DE CADA PERFIL.

Tente preencher o Mapa de Empatia de cada uma delas.

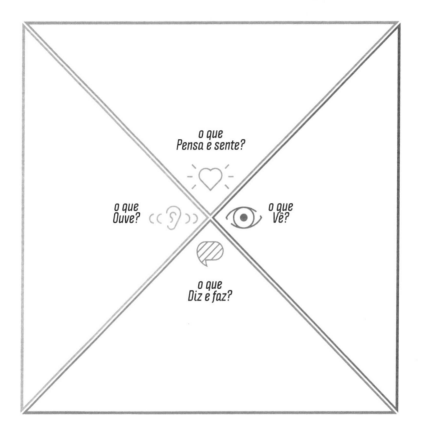

DL: Quem é seu público principal? Faça uma escolha agora. Mude depois.
GG: Vá fundo aqui. E lembre-se de se desapegar da sua perspectiva. Você está tentando criar outra persona, muita vezes uma persona que você não conhece. É importante ir pesquisar.
LB: Pague um café para essa pessoa. Questão de bom senso :)

LISTE DEZ JEITOS DIFERENTES DAS PESSOAS DESCOBRIREM SEU PROJETO.

1)

2)

3)

4)

5)

6)

7)

8)

9)

10)

DL: Expandir seus canais pode te ajudar a alcançar novos públicos inimagináveis.
GG: Pense em canais diferentes.
LB: Isso vai ajudar quando você for pensar na comunicação do seu projeto.

ONDE ESTÃO AS PESSOAS QUE SÃO O PÚBLICO DO SEU PROJETO?

Qual cidade? Qual bairro? Quais grupos de Facebook? Onde você encontra elas?

DL: Conte pra elas sobre seu projeto.

GG: Às vezes, gastamos muita energia falando com quem não quer comprar a nossa ideia. Foque em quem quer!

LB: Contas de Instagram, grupos de Facebook, canais de Youtube, blogs.

LISTE QUAIS SÃO OS MEDOS E FRUSTRAÇÕES MAIS COMUNS DO SEU PÚBLICO.

Como eles resolvem esses medos e frustrações?

DL: Como seu projeto pode mitigar esses medos e frustrações?
GG: Talvez um Fear Setting aqui também caia bem.
LB: E como você pode ajudar ele com isso?

COMO AS PESSOAS ECONOMIZAM COM SEU PROJETO?

Exemplo: A gente acredita que as pessoas economizariam tempo e dinheiro com este livro porque elas vão tirar seu projeto do papel de uma forma mais barata, rápida e inteligente.

DL: Como você pode deixar essas economias claras para o seu público?

GG: Ajude seu público a ter uma vida melhor. Economizar, seja lá o que for, sempre é bom.

LB: Outro insight que pode ajudar na sua comunicação.

LISTE PALAVRAS QUE AS PESSOAS DIGITARIAM NO GOOGLE PARA ENCONTRAR SEU PROJETO.

Busque por elas e veja o que aparece.

DL: E se você criar um conceito novo, uma palavra ou expressão única?

GG: 333 páginas, livro larusso, projetos paralelos, empreendedorismo, como tirar ideias do papel.

LB: Lembre-se de não se comunicar como todo mundo se comunica. Assim, você não terá diferença de mensagem e não se destacará. O Facebook da Prefeitura de Curitiba é um exemplo do que estou falando.

ESCREVA O E-MAIL QUE VOCÊ GOSTARIA DE RECEBER DE ALGUÉM QUE AMOU SEU PROJETO.

DL: Mande pro teu "eu do futuro": futureme.org
GG: Essa atividade me lembra o círculo dos sonhos do Dragon Dreaming.
LB: Trabalhe para receber e-mails assim. E sempre que receber, imprima e cole em algum lugar visível. Nos momentos de dúvida e frustração, ler algo assim nos motiva a continuar.

O QUE FALTA PARA SEU PROJETO ACONTECER?

Liste o que você não tem pra fazer seu projeto acontecer.

DL: Pense em coisas abstratas, mas principalmente em coisas objetivas, claras e conquistáveis.
GG: Escreva as tarefas de forma clara!
LB: Descreva detalhadamente cada tarefa. Isso ajuda na hora de executá-la.

PEÇA AJUDA PUBLICA- MENTE.

O que você precisa?

O que outras pessoas podem fazer por você?

Quem você conhece que sabe fazer isso?

Quem pode te ensinar a fazer isso?

DL: Dê uma chance para a surpresa.
GG: Essa é uma boa forma de envolver mais pessoas no seu projeto.
LB: Não tenha vergonha. Tem muita gente legal no mundo querendo fazer parte de projetos verdadeiros e significativos.

ESCREVA O PLANO PERFEITO PARA TIRAR SEU PROJETO DO PAPEL EM DEZ PASSOS.

Quais seriam os dez grandes momentos, as dez grandes fases?

DL: Que marcos existem entre eles?
GG: Pense de forma prática, o que tá faltando?
LB: Uma boa é colocar esses passos em ordem de prioridade.

QUAIS OS GATILHOS PARA VOCÊ FAZER O QUE PRECISA FAZER?

Ação: Filmar um episódio para o canal no Youtube
Gatilho: Deixar a câmera e o tripé prontos já no local da gravação.

Outro exemplo: Correr 10km
Colocar o tênis de corrida um pouco antes da hora de ir correr.

Mais um: Lançar um blog
Gatilho: escolher uma plataforma de blog, criar uma conta,
escrever um primeiro texto.

DL: Identifique as pequenas e realizáveis tarefas. Seja o mais específico possível.
GG: Fiz um vídeo uma vez falando sobre isso, você pode assistir aqui:
http://bit.ly/333-gatilhos
LB: Esse vídeo do Gab é muito foda! Meu gatilho para trabalhar num projeto paralelo
é arrumar a casa. Com ela arrumada, meu lado virginiano fica em paz e assim consigo
trabalhar tranquilamente.

LISTE TODAS AS TAREFAS QUE VOCÊ TEM QUE FAZER.

Bullet points, começando com um verbo.

DL: Começar com um verbo ajuda a definir com mais precisão a ação que precisa ser feita.
GG: De novo. Liste. Seja claro.
LB: Seja beeeeeeeem específico.

ORGANIZE AS TAREFAS DA PÁGINA ANTERIOR NUMA LINHA DE TEMPO GASTO.

À esquerda, tarefas que você demora menos para fazer. À direita, tarefas que você vai demorar mais para fazer.

Preciso de pouco tempo | Preciso de muito tempo

DL: Tento agrupar as tarefas que exigem menos tempo para fazê-las em sequência.

GG: Eu costumo começar a fazer as tarefas da esquerda para a direita.

LB: Eu também.

DISTRIBUA AS TAREFAS CONSIDE-RANDO O FATOR PRIORIDADE.

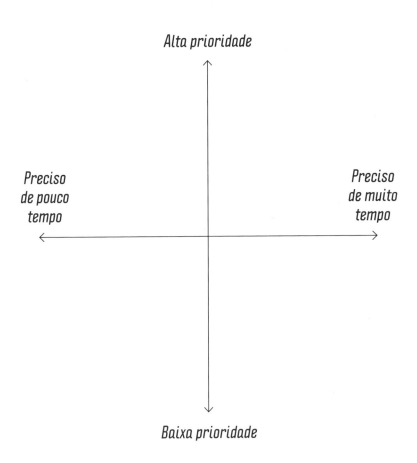

DL: Comece pelas tarefas que são prioritárias, aquelas que vão gerar mais valor, resolver mais problemas, te livrar de mais trabalho.
GG: Repense as tarefas de baixa prioridade, elas precisam mesmo existir?
LB: Alta prioridade e pouco tempo para realizar? A próxima página vai te ajudar. #Rimou

REALIZE AGORA TODAS AS TAREFAS QUE SÃO REALIZÁVEIS EM ATÉ DEZ MINUTOS.

DL: Tirar pequenas tarefas da lista e da cabeça abre espaço para as próximas ideias. Gosto especialmente de riscar as tarefas feitas, dão uma boa sensação de produtividade.

GG: Comece pelas que têm alta prioridade e pouco tempo para realizar.

LB: 10 minutos de foco total, várias tarefas a menos na sua lista.

FAÇA TAREFAS PARECIDAS DE UMA VEZ SÓ.

Grupo 1	Grupo 2	Grupo 3
✓	✓	✓
✓	✓	✓
✓	✓	✓
✓	✓	✓
✓	✓	✓
✓	✓	✓
✓	✓	✓
✓	✓	✓
✓	✓	✓
✓	✓	✓
✓	✓	✓
✓	✓	✓
✓	✓	✓
✓	✓	✓
✓	✓	✓
✓	✓	✓
✓	✓	✓

DL: Exemplo: Não passe o dia escrevendo e-mails enquanto aprende sobre como fazer um site. Faça uma única coisa de cada vez, com atenção e qualidade.

GG: Ponha o fone e produza sem parar. Sem café, sem banheiro, sem abrir o Facebook, sem nada. Confia em mim.

LB: Cozinhar enquanto assiste o episódio de uma série costuma não funcionar muito bem. Você não cozinha com atenção, tampouco absorve tudo da série.

CAPÍTULO 4

FAZENDO NASCER

COLOQUE NA AGENDA TODOS OS DIAS: "TRABALHAR POR DEZ MINUTOS NO PROJETO".

Marque com um X os dias que passaram que você trabalhou no seu projeto.

Domingo	Segunda	Terça	Quarta	Quinta	Sexta	Sábado
		1	2	3	4	5
6	7	8	9	10	11	12
13	14	15	16	17	18	19
20	21	22	23	24	25	26
27	28	29	30			

DL: Se você se propuser a trabalhar só por cinco minutos, provavelmente vai ultrapassar esse limite. O que fazemos no começo do dia tem impacto ao longo do dia todo. http://bit.ly/333paginas-comece
GG: Se você não fizer, apague.
LB: Faça seu projeto entrar na sua rotina assim como almoçar, tomar banho e ver Netflix. Ali por 2013 eu pensava todo dia em uma tirinha nova. Ver o calendário sem o X num dia me fazia sentar e pensar numa, mesmo se fosse 11 horas da noite.

LISTE AS MÚSICAS QUE TE FAZEM QUERER TRABALHAR EM SEU PROJETO.

+ Música	Artista	Álbum

DL: Uso as listas prontas do Superplayer, Spotify ou Deezer.

GG: Tô viciado em Justice de novo. Música Randy pra mim é uma das mais pilhantes.

LB: Daí toda vez que você der play nela, seu cérebro entenderá: "opa, hora de criar!". Eu gosto da playlist "Naize", do meu Spotify.

CRIE LEMBRETES PARA SI MESMO QUE TE FAÇAM TRABALHAR EM SEU PROJETO.

Troque a senha do seu computador para
"voufazermeuprojetoacontecer".
Troque o fundo de tela do seu celular para algo
que remeta ao seu projeto.
Espalhe Post-its pela casa.
(e por aí vai…)

DL: Mude sempre, a gente se acostuma rápido com as mensagens.
Os meus: http://bit.ly/333paginas-lembretes
GG: Eu coloco na agenda para repetir todos os dias.
LB: Troque o fundo de tela do seu pc. Escreva na janela. Tatue seu braço.
Raspe seu cabelo. "Ei cara, por que você raspou a cabeça?",
"porque comecei um projeto tal".

ABRA UM ESPAÇO NO SEU COTIDIANO PARA TRABALHAR NO SEU PROJETO DIARIAMENTE.

Exemplo: Aproveitar a volta de ônibus para casa para fazer uma página do livro 333 Páginas.

DL: Eu não dormia antes de escrever no meu blog.

GG: Eu não tenho este hábito de associar a rotina ao projeto. Costumo ter picos de energia onde gasto muito tempo fazendo o máximo de coisas possível porque sei que ali na frente não conseguirei tocar no projeto.

LB: Aquele intervalo entre o almoço e o trabalho na tarde é um período bom para matar pautas rápidas.

O QUE VOCÊ PODE TIRAR DA SUA ROTINA PARA ENCAIXAR SEU PROJETO?

Liste as coisas que mais tomam seu tempo. Elimine as que são menos importantes.

DL: Priorize seu projeto. Só deixe o que é indiscutivelmente mais importante do que ele.

GG: O tempo é o mesmo pra todo mundo. Pra entrar algo, precisa sair algo.

LB: Procrastiworking, by Jessica Hische: aliar procrastinação com trabalho. Em vez de ficar vagando sem rumo pela internet, trabalhe no seu projeto de maneira suave e sem tanta pressão. Quando vê, o tempo passou e chegou a hora do seu outro compromisso, mas você fez as coisas andarem nesse tempo livre.

CRIE RECOMPEN-SAS PARA CADA TAREFA QUE VOCÊ REALIZAR.

Pequenas	Médias	Grandes

DL: Não roube no seu próprio jogo.

GG: Pense num pedaço de pudim.

LB: "Se eu acabar isso hoje vou pedir uma pizza e ver um filme." Criar uma cultura da recompensa molda nosso cérebro a querer realizar tarefas (ele ama recompensas).

MEDITE

DL: Apenas comece. Meditar é muito poderoso. Se precisar de ajuda:
http://bit.ly/333paginas-medite
GG: Apenas sente em um lugar calmo e preste atenção na sua respiração.
Sempre que perceber que perdeu o foco na respiração, volte a prestar atenção na
respiração. Inspire. Expire.
LB: Na rotina corrida do dia a dia, raramente paramos para pensar no que estamos
fazendo. Sente num lugar confortável, feche os olhos e conte suas respirações.

CRIE O AMBIENTE DE TRABALHO MAIS PRODUTIVO. PARA VOCÊ.

Como deve ser...

o som:

a iluminação:

o horário:

a mesa:

a cadeira:

os recursos:

o café:

a companhia:

a inspiração:

DL: Não faça deste ambiente uma desculpa. Crie-o com o que você tem. Trabalhe mesmo quando ele estiver indisponível.

GG: Pra mim isso é superimportante para educar o cérebro a mudar de comportamento dependendo do lugar onde você está.

LB: De preferência fora da sua cama ou sofá.

ORGANIZE SUAS PRÓXIMAS AÇÕES COM KANBAN.

A fazer	Fazendo	Feito

DL: Escreva cada ação em um Post-it e movimente-o pelas colunas acima enquanto seu projeto avança.

GG: Use o Trello, o Asana, Post-it na parede, o que quiser. Mas visualize suas tarefas.

LB: Faça um grandão na parede da sua sala ou quarto.

PASSE UM FINAL DE SEMANA TRABALHANDO EM SEU PROJETO.

	Sábado	Domingo
08:00		
09:00		
10:00		
11:00		
12:00		
13:00		
14:00		
15:00		
16:00		
17:00		
18:00		
19:00		

DL: Não encare como trabalho. Encare como fazer arte. Separe um tempo digno pro descanso.

GG: Funciono assim.

LB: Eu faço isso quando preciso imergir num projeto para avançar ele bastante.

SE VOCÊ TRABALHASSE EM TURNO INTEGRAL PELO SEU PROJETO, COMO SERIAM SEUS DIAS?

00:00	
01:00	
02:00	
03:00	
04:00	
05:00	
06:00	
07:00	
08:00	
09:00	
10:00	
11:00	
12:00	
13:00	
14:00	
15:00	
16:00	
17:00	
18:00	
19:00	
20:00	
21:00	
22:00	
23:00	

DL: Desenhe a rotina que te faria feliz.
GG: Pense como seria do momento que você acorda até o momento que você vai dormir.
LB: Crie a rotina que mais faça sentido para você. Depois vá atrás dela.

QUE INCÔMODOS TE IMPEDEM DE AVANÇAR NO SEU PROJETO?

Habilidades, Comunicação, Ação, Público, Parceiros, Prazo, Rotina, Etc.

DL: Descreva cada incômodo com o máximo possível de detalhes.
Deve te ajudar a encontrar soluções.
GG: Livre-se desses incômodos. Ou jogue-os fora. Ou peça ajuda.
LB: Corte fora!

LIVRE-SE DOS DETALHES IRRELEVANTES.

Escreva-os dentro da lixeira.

DL: Abra mão da perfumaria. É importante, mas não imprescindível.
GG: Bijuterias, o maior inimigo de quem está tentando tirar um projeto do papel.
LB: O Gab me falou que enquanto fazia o caminho de Santiago de Compostela, ele arrancava cada página do livro que ele estava lendo para a mochila ficar mais leve. Peso pesa.

FAÇA O GRÁFICO DE EMPOLGAÇÃO DO SEU PROJETO.

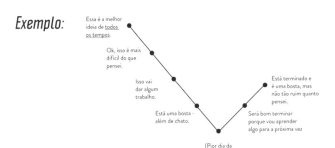

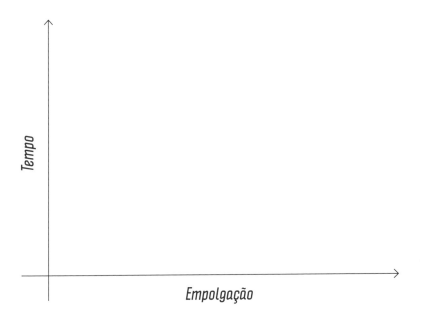

DL: O processo é mesmo cheio de dores, desafios, aprendizados e alegrias. Tipo a vida.
GG: Marque os principais momentos da vida do seu projeto e veja onde eles se localizam no gráfico.
LB: Para aprender a lidar melhor com essa montanha-russa, sugiro o livro The Dip, do Seth Godin.

TOME DECISÕES NUM PISCAR DE OLHOS E AVANCE.

Dúvidas		**Decisões**

DL: Confie na sua intuição.

GG: O que acontecer, aconteceu.

LB: Lembre-se que é impossível saber tudo e ter dúvidas é muito normal num mundo em constante transformação como o que vivemos. Mais sobre isso aqui: http://bit.ly/333paginas-avance

PARE DE RECLAMAR. PASSE UMA SEMANA SEM SER AUTOCRÍTICO.

Dia 1

Tá fácil.

Dia 2

A vida é bela!

Dia 3

Por que me meti nessa?

Dia 4

Pode socar o travesseiro?

Dia 5

Respira...

Dia 6

Monge budista.

Dia 7

É hoje, porra!

DL: Aceitar é uma dádiva.

GG: Apenas pare de ser tão chato/a.

LB: Condicione o seu cérebro para não reclamar. Isso diminui a chance de você ter várias doenças, segundo pesquisas.

DÊ UM JEITO.

Alguma hora vai dar merda, não conseguimos prever tudo e aí o jeito é dar um jeito.

Problema	Jeito

DL: Se você chegou aqui, você já sabe o suficiente e é capaz de se virar. Nós nunca estaremos livres de problemas. Mas a gente pode escolher com quais vamos nos meter, e como vamos "passar graciosamente pelo fogo".

GG: Se der merda, será um problema para o seu futuro eu.

LB: Às vezes, quando a gente dá um jeito numa coisa, resolvendo ela, as pessoas acabam só enxergando a solução. Não sabem que você teve que fazer uma gambiarra para aquilo funcionar. Logo, elas te admiram pois enxergam só o resultado, sem saber que você queria outro resultado. Então não se desanime. Dê um jeito!

O QUE VOCÊ ESTÁ FAZENDO PARA SE APRIMORAR?

O que você precisa aprender para tirar seu projeto do papel?	Como e onde você pode aprender isso?	Quem pode te ajudar?

DL: Seu projeto é uma escola. Lindo, né?

GG: Leia mais sobre o que você precisa para avançar no seu projeto. O que você aprende influencia a velocidade com que seu projeto pode ganhar vida.

LB: Adoro fazer cursos em sites como o Coursera, conhece? São de graça e são muito fodas.

MARQUE UM ENCONTRO PRESENCIAL COM SEUS AMIGOS PARA APRESENTAR SEU PROJETO.

Peça que eles deem feedbacks começando as frases com:

"Eu gosto de..."   *"Eu gostaria que..."*

DL: Eles vão lembrar de você toda vez que se depararem com uma ideia relacionada e vão te alimentar com mais informações.

GG: Peça feedbacks sinceros pros seus amigos.

LB: Discutir sobre ideias é saudável. Uma pessoa que contrarie o que você pensa vai empurrar sua ideia pra frente ao te questionar sobre como ela funciona.

DESCUBRA PROJETOS COMPLEMENTARES E TENTE FAZER UMA PARCERIA.

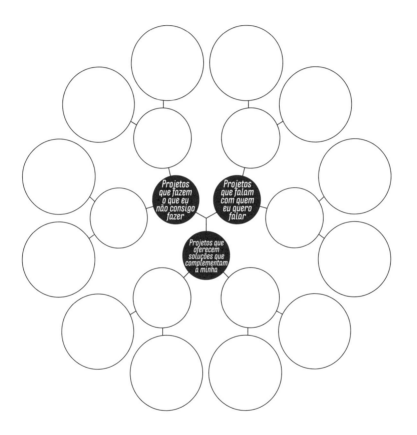

DL: Vocês têm mais em comum do que diferenças.
GG: Se você precisar encontrar outros projetos que complementem seu projeto em outras camadas, vá em frente. Não se apegue à página branca.
LB: O objetivo é mostrar que você existe e está aberto a futuras parcerias.

DESCUBRA OS ERROS MAIS IMPORTANTES DE QUEM JÁ TENTOU FAZER UM PROJETO PARECIDO.

Quem tentou?	O que deu errado?

DL: Evite os erros deles, mas não deixe de cometer os seus próprios erros.

GG: Vá conversar com essas pessoas e pergunte, pergunte, pergunte.

LB: Existe um evento global chamado FuckUp Nights, onde pessoas compartilham fracassos de seus projetos em palestras rápidas e divertidas. Recomendo ;)

TOME UM CAFÉ COM QUEM TEM HABILIDADES QUE VOCÊ NÃO TEM.

Pessoa	Habilidades	Aprendizados

DL: Pague o café, vale o preço facilmente.

GG: Ou um chá.

LB: Descubra os cursos que ela fez, os livros que ela leu, as pessoas que ela segue.

QUE PARCEIROS IMPROVÁVEIS PODERIAM CONTRIBUIR COM O SEU PROJETO?

Parceiro improvável	O que eu ofereço?	O que eu vou pedir?

DL: Por que não?
GG: Esse exercício é para você abrir a cabeça e explorar novas possibilidades. O objetivo dele é você encontrar pontos de contato com outros parceiros que muitas vezes não são tão óbvios. Fuja do comum aqui.
LB: "O não você já tem. Agora é a hora de buscar a humilhação." Encontrei essa frase esses dias na internet kkk.

CONVIDE PESSOAS PARA FAZEREM PARTE DE SEU PROJETO.

Pessoa	Como ela pode te ajudar?

DL: Comece com quem tá afim, não com quem é ideal. Deixe claro o que está por trás do seu projeto e por que você quer trabalhar com essas pessoas.
GG: Fazer sozinho é uma merda. Este livro aqui é um grande exemplo de que fazer junto com outras pessoas ajuda a atravessar as barreiras da preguiça, do medo, do desconhecimento e das incertezas. Chame gente que você gosta.
LB: Às vezes, vontade > habilidade.

COMO OUTRAS PESSOAS PODERIAM TRABALHAR VOLUNTARIA-MENTE EM SEU PROJETO?

Dê uma olhada nas últimas páginas, e veja quais são as atividades que você ainda não conseguiu executar. Compartilhe nas suas redes sociais pedindo por pessoas para ajudar você.

DL: Se seu projeto é valioso pro mundo, ele pode ter voluntários.

GG: Tem gente querendo muito te ajudar e você nem sabe. E muitas vezes elas nem querem ganhar dinheiro com isso. Querem apenas estar perto de você.

LB: Tem pessoas que adoram ajudar e, se você não perguntar, elas não vão aparecer. Tem um amigo meu traduzindo Feldman para o inglês, fazendo na parceria. Isso só aconteceu porque um dia eu perguntei se alguém poderia me ajudar.

QUAL É O SEU CUSTO DE VIDA? DE QUANTO VOCÊ PRECISA PARA VIVER?

Anote todos os gastos, por dia, deste mês,
da bala à conta mais cara.

Total:

DL: Google: App finanças pessoais.
GG: Guia Bolso.
LB: Excel pronto que achei no Google.

COMO VOCÊ PODE DIMINUIR SEU CUSTO DE VIDA?

Manter	Diminuir	Cortar

DL: Se você depender menos do dinheiro, abrirá espaço para criar mais.

GG: Se você observar bem, muito do seu dinheiro é gasto de forma não tão inteligente. Dê uma refletida nisso e guarde grana pro seu projeto.

LB: Repare bem no que você gasta. Vale a pena trabalhar vários dias para ver seu suor traduzido nesse objeto/serviço?

VOCÊ PRECISA DE DINHEIRO PARA TIRAR SEU PROJETO DO PAPEL?

O quê?	Quanto?	Por quê?

DL: Eu acredito que você não precisa, pra começar. Use o que você já tem. Os recursos, as habilidades, as conexões, o tempo. http://bit.ly/333paginas-semdinheiro

GG: Pra começar não, mas um pouquinho é importante para poder fazer ele parecer como você está imaginando. Mas só um pouco. Grana nunca deverá ser uma questão inicial.

LB: Mas, caso precise, crowdfunding pode ser uma saída. Conhece o Catarse? Vá pesquisar. Daqui a algumas páginas vamos falar sobre isso de novo.

VOCÊ PRECISA DE GRANA OU PRECISA DE COISAS?

Peça ajuda.

Coisas que você precisa	Quem tem

DL: Troque, peça emprestado, faça com o que vier.
GG: Com grana você compra coisas. Se não tem grana, vá atrás de quem tem as coisas que você precisa e estabeleça trocas.
LB: Existe uma plataforma chamada Tem Açúcar? Ela serve para vizinhos compartilharem coisas. Não custa tentar.

COMO VOCÊ TIRARIA SEU PROJETO DO PAPEL COM ZERO DINHEIRO?

Como você tiraria seu projeto do papel com zero dinheiro?

Coisas que você precisa	Como conseguir de graça

DL: Tentaria usar os recursos que já estão disponíveis, sem precisar pôr a mão no bolso.

GG: Tempo é dinheiro.

LB: MVP, que significa Produto Mínimo Viável (Minimum Viable Product, em inglês), é uma mentalidade que consiste em lançar um projeto ou produto com o menor investimento possível. Assim você testa antes de sair investindo muito dinheiro.

MAPEIE OS RECURSOS QUE VOCÊ JÁ TEM.

Recurso é qualquer coisa que possa ser utilizável para o que você quer fazer. Nem sempre são óbvios e podem ser catalisadores de novas ideias.

Redes de amigos

Materiais de trabalho

Conhecimentos técnicos

Reputação

Grana

DL: No que você pode se apoiar para tirar seu projeto do papel?

GG: Imagine uma caixa de ferramentas com coisas aleatórias. Todas as ferramentas são recursos, e para uma obra você não precisará usar todas elas. Mas é importante saber quais ferramentas estão disponíveis caso seja necessário.

LB: Essa poderia também ser uma das primeiras páginas deste livro. Um projeto pode nascer simplesmente porque você possui determinado recurso. O Paraíso do Golfe, projeto da Shoot The Shit, só nasceu porque o Gab tinha recém comprado tacos de golfe.

FAÇA PROJEÇÕES FINANCEIRAS.

Se eu vender...	Vai custar?	Vou faturar?	Vou lucrar?
Exemplo: 50 livros por R$ 50	Exemplo: R$ 1000	Exemplo: R$ 2500	Exemplo: R$ 1500

DL: Faça uma tabelinha no computador e brinque com os números.

GG: Seja um nerd do dinheiro. Isso faz a diferença lá na frente.

LB: Só não venda sua cama. Ou venda, caso essa grana realmente seja usada para algo incrível.

FAÇA UM INVESTIMENTO QUE VOCÊ SABE QUE VAI TE MOTIVAR.

Para fazer	Eu vou comprar

DL: Dê um jeito, investir não significa gastar.
GG: Não compre um Play Station 4. Vai por mim.
LB: Um tênis de corrida caro te obrigará a correr para justificar o investimento. Foi assim que comecei a correr.

COMO SEU PROJETO PODERIA SER FINANCIADO COLETIVA-MENTE?

Título

Meta financeira

Recompensas

Descrição e valor

Prazo

DL: Seu projeto deve entregar um grande valor compartilhado, como uma causa. Ou um enorme valor individual, como um produto importante pras pessoas.
GG: No Youtube tem uma série chamada UFC da Benfeitoria. Vale a pena, são 2 vídeos, se não me engano, de uns 15 minutos, falando de todos os detalhes de uma campanha.
LB: Pesquise projetos da sua área (e fora dela) no Catarse e Kickstarter. E lembre-se que existe o crowdfunding recorrente, como o Patreon e o Apoia.se.

SEPARE UMA PARTE DE TODA GRANA QUE VOCÊ RECEBE POR MÊS E INVISTA EM SEU PROJETO.

### *Quanto você tem disponível por mês?*	### *O que isso pagaria?*

DL: Invista o que você está disposto a perder, ou que você tem certeza que vai voltar.
GG: Todo mês a mesma quantia.
LB: Por exemplo: 40 pila por mês pagam uma conta no Squarespace, uma plataforma de criação de sites. São 3 cervejas numa festa a menos por mês por um site bonitão.

VÁ FAZER OUTRA COISA.

O que você fez?	Como isso ajudou?

DL: Entre num estado mental de relaxamento. Quem sabe assim outras ideias nasçam.

GG: Incubação.

LB: Dar um trabalho "automático" para o cérebro o libera de responsabilidade, deixando-o livre para imaginar, ter insights. É por isso que costumamos ter muitas ideias no banho.

DESENHE A PÁGINA INICIAL DO SITE DE SEU PROJETO.

DL: Menos é mais.
GG: Bem simples.
LB: Na primeira tela você tem que mostrar obrigatoriamente o tweet que você escreveu algumas páginas atrás. Ou não.

WWW. ESCOLHA SEU DOMÍNIO .COM

_____ .com

_____ .com

_____ .com

_____ .com

_____ .com

_____ .com

_____ .com

_____ .com

_____ .com

_____ .com

_____ .com

_____ .com

_____ .com

DL: Você conhece os outros domínios fora .com.br, .com, .net?

GG: Procure em godaddy.com, registro.br, hover.com, domai.nr

LB: Quando pensamos um nome, às vezes esquecemos de pensar se existe algum domínio/username igual ou parecido disponível. Ao criar o nome, pense nisso. Existem empresas com nomes legais, mas suas "arrobas" são nada a ver porque não havia nada bom disponível.

CRIE PERFIS NAS REDES SOCIAIS PARA SEU PROJETO.

Instagram

Facebook

Youtube

Twitter

Medium

Snapchat

Linkedin

DL: Quais você realmente vai usar?
GG: Simples. Essa página você faz rapidinho.
LB: Mas sempre é bom pensar: seu projeto precisa de perfis? Quais?

ORGANIZE SUAS TAREFAS POR IMPORTÂNCIA E URGÊNCIA.

Qual é a coisa mais importante e urgente
que, neste momento, você ainda não fez?

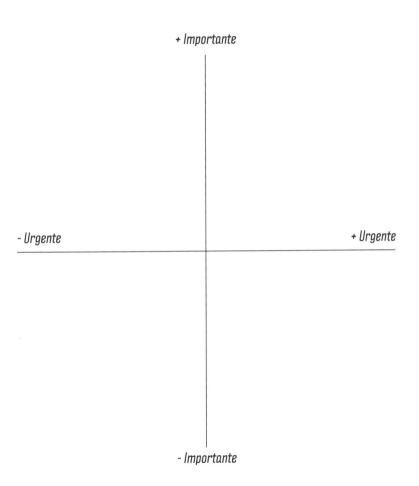

DL: Faça agora o que é urgente e importante. Depois, só urgente.
GG: Foco, foco, foco, foco.
LB: Comece pela tarefa mais difícil.

USE O QUE JÁ EXISTE E FAÇA VOCÊ MESMO.

Estude estas ferramentas:

Ícones para logotipos: The Noun Project.

Sites: Tumblr, Wordpress, Squarespace.

Mailing e newsletter: MailChimp, TinyLetter.

Formulários: Google Forms, Typeform.

Fontes legais: Dafont. Font Squirrel. Google Fonts.

GIFs: Giphy.

Organização de projetos: Wunderlist, Asana, Trello.

Trilhas sonoras: Vimeo Music.

Estatísticas: Google Analytics.

Fotos de graça: Pexels, Unsplash, The Stocks.

DL: Use o tempo, dinheiro, habilidades e clareza que já estão aí, agora. Depois você melhora. Já te disse isso, né? Mais ferramentas: http://bit.ly/333-paginas-ferramentas
GG: Inteligência é não perder energia reinventando a roda. Use o que já existe e adapte para o seu projeto.
LB: Vibe Leonardo Da Vinci, que sabia fazer de tudo.

FAÇA UM "PORCÓTIPO".

Protótipo é um experimento, um teste, uma versão preliminar, um rascunho, uma maquete, uma simulação. "Porcótipo" é como um protótipo, só que porco, sujo, malfeito e libertador. Desenhe abaixo o seu "porcótipo":

DL: Você não leu errado. É porcótipo mesmo. http://bit.ly/333paginas-porcotipo
GG: Faça um protótipo da forma mais porca possível.
LB: Demorei quase dois anos para mudar o layout da minha newsletter. Comecei com um design muito simples, só para tirar do papel, e fui deixando. A forma ajuda, mas importante mesmo é o conteúdo. Feito é melhor que perfeito.

ENTREGUE SEU VALOR PARA UMA ÚNICA PESSOA, POR UM PEQUENO INSTANTE.

Exemplo, lembra daquela metáfora "se você quer ter um restaurante, faça um jantar"? É hora de executar o rango. Pelo menos para uma pessoa, agora, hoje.

Valor entregue	O que as pessoas acharam?

DL: Não fique planejando, entregue valor. Nesse caso, alimente alguém.

GG: Comece pequeno.

LB: Imagina você mandar algo pra alguém e o olho dela brilhar? Isso é endorfina no corpo, que vira motivação para continuar.

DÊ A MAIS PESSOAS UMA AMOSTRA GRÁTIS DE SEU PROJETO.

O que eu quero entregar?	O que é a amostra grátis?	O que as pessoas acharam?

DL: Crie um vínculo com elas. Pegue os e-mails, por exemplo, para mandar mais informações.

GG: Comece pequeno 2.0.

LB: Mostrou pra uma e foi bom? Mostre para mais. Mostrou para uma e ela não gostou, expanda sua pesquisa.

ATÉ AGORA, ONDE VOCÊ CONSIDERA QUE ACERTOU E ERROU?

Acertei	Errei

DL: "Sucesso é estar pronto para aprender. Fracasso é estar aprendendo."
- Não sei quem falou isso pela primeira vez, mas foi um sucesso pra mim.
GG: Olhe pro que você fez. Seja criterioso. Onde poderia ter sido melhor?
O que você deve parar de fazer? O que você precisa continuar fazendo?
LB: Erros são aprendizados, celebre cada um deles ;)

ONDE VOCÊ ESTÁ? O QUE VOCÊ PRECISA PARA MUDAR DE LUGAR?

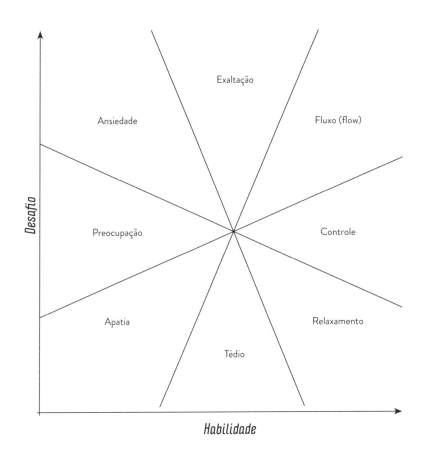

DL: Google: Flow, Mihaly Csikszentmihalyi (digita só o primeiro nome que ele acha).
GG: Estude esse conceito. Ele é muito importante.
LB: Eu me sinto no flow quando estou palestrando ou quando estou num brainstorming irado. São momentos como esses que busco no meu dia a dia.

CRIE UM CRONOGRAMA PARA AS PRÓXIMAS ENTREGAS.

Tarefas x Prazos

SEMANA	MÊS											
	Jan	Fev	Mar	Abr	Mai	Jun	Jul	Ago	Set	Out	Nov	Dez
1ª Semana												
2ª Semana												
3ª Semana												
4ª Semana												

DL: Não dê espaço para autossabotagem. Peça para alguém te cobrar quando os prazos estourarem.

GG: Seja o guardião do seu tempo.

LB: Organização é liberdade. Quando sabemos que as coisas estão organizadas, com seus horários e prazos já estabelecidos, temos mais tranquilidade de brincar com o resto da nossa rotina.

TENTE VENDER SEU PROJETO.

O que você vende?	Para quem?	Quanto custa?	O que você aprendeu?

DL: Quanto as pessoas estão realmente dispostas a pagar?

GG: Saia da frente do seu computador e "vá pra rua" vender.

LB: Leia a linguagem corporal. As pessoas acharam caro ou barato?

MANDE UM E-MAIL PRA GENTE TENTANDO VENDER SEU PROJETO.

DL: Quem sabe a gente compra.
GG: Aguardando...
LB: Adoro e-mail com gifs e respondo em até 10 minutos.

DE QUE OUTRAS FORMAS VOCÊ PODE GANHAR DINHEIRO COM O SEU PROJETO?

Exemplo de outras formas de ganhar dinheiro com este livro: cursos, palestras, consultorias, Adsense de um canal no Youtube, vender este livro no formato de cartazes.

_____ _____

_____ _____

_____ _____

_____ _____

_____ _____

_____ _____

_____ _____

_____ _____

_____ _____

_____ _____

DL: Faça testes. Criar modelos de receita exige vários experimentos.
GG: Pense em formas alternativas que podem te dar dinheiro e ajudar a se manter no seu projeto.
LB: Este livro pode virar um curso, uma série no Youtube, uma série de pôsteres, um cartão postal que tu recebe em casa, uma série de camisetas, uma newsletter.

O QUE VOCÊ NÃO ESTÁ GOSTANDO DE FAZER PELO SEU PROJETO?

O que não estou gostando	**Como essa tarefa pode ficar mais interessante de ser feita**

DL: Às vezes, lembrar por que comecei me ajuda a enfrentar as tarefas chatas. Ou desistir.

GG: Muitas vezes o que não gostamos de fazer outras pessoas não se importariam. Será que você consegue trazer alguém para perto para te ajudar nessas demandas?

LB: Lembra da página sobre o quanto você está disposto a sofrer pelo seu projeto? Ainda está disposto? Vá em frente. Não está disposto e tem dinheiro? Pague alguém para fazer por você.

O QUE VOCÊ FARIA HOJE SE TIVESSE QUE LANÇAR SEU PROJETO AMANHÃ?

Coisas de que eu abriria mão

Coisas que eu faria mais simples

Coisas que eu faria mais rápido

No que eu focaria agora

DL: A pergunta que te leva ao próximo e mais importante passo.
GG: Tiraria todas as coisas que não importam e focaria só na mensagem.
LB: Essa pergunta te dá borboletas no estômago? Então você está no caminho certo. Tesão é vida.

SEJA MENOS EXIGENTE.

Liste aqui tudo que você pode deixar pra depois.

- [x] _____
- [x] _____
- [x] _____
- [x] _____
- [x] _____
- [x] _____
- [x] _____
- [x] _____
- [x] _____
- [x] _____
- [x] _____
- [x] _____
- [x] _____
- [x] _____
- [x] _____
- [x] _____

- [x] _____
- [x] _____
- [x] _____
- [x] _____
- [x] _____
- [x] _____
- [x] _____
- [x] _____
- [x] _____
- [x] _____
- [x] _____
- [x] _____
- [x] _____
- [x] _____
- [x] _____
- [x] _____

DL: Ninguém está prestando tanta atenção em você quanto você mesmo. Erre à vontade.

GG: O que é ruim pra você certamente é excelente pra outras pessoas.

LB: Não se preocupe com os problemas que não existem agora.

FAÇA UM SOFT OPENING DE SEU PROJETO.

Não sabe o que é?
http://bit.ly/333paginas-softopening

O que deu certo?	*O que deu errado?*

DL: O que você aprendeu sobre seu projeto e sobre você?

GG: Hora de testar a proposta de valor. Vamos ver se funciona?

LB: Convide os amigos mais próximos. Tire o peso de ter que convidar o mundo inteiro e ficar torcendo para que todos apareçam.

PEÇA FEEDBACKS.

O que as pessoas acharam que deu certo?

O que as pessoas acharam que deu errado?

DL: Escute apenas aqueles que fizerem você agir.
GG: Geralmente a gente fica viciado nas nossas próprias
percepções. Ouvir feedback é dar chance para mudarmos nossa
perspectiva sobre o mundo, nesse caso, sobre o seu projeto.
LB: Peça um áudio por WhatsApp.

PEÇA POR INDICAÇÕES.

Das pessoas que foram ao seu soft opening, quem pode te indicar novos clientes?

Quem indicou?	Quem foi indicado?

DL: Faça contato direto com seus próximos clientes com a chancela dos seus primeiros clientes.

GG: Quem conhece quem que pode querer o seu projeto?

LB: Na Shoot The Shit, quando vamos lançar um curso, primeiro falamos com as pessoas que já fizeram um anterior pedindo indicações, bem como o Larusso falou.

FAÇA UMA CONTA DE PADEIRO DO SEU PROJETO.

Despesas	Receitas	Total

DL: Essa é a conta fundamental. Receitas menos despesas.
GG: Conte suas viagens de Uber, o domínio do site, a impressão dos cartões de visita, tudo que você gastou no seu projeto até agora.
LB: Você conhece alguém que entenda de finanças para te ajudar a olhar para essa conta e tirar aprendizados?

AJUSTE OS ÚLTIMOS DETALHES.

Você vai tirar seu projeto do papel em breve. O que ainda está faltando? Deixe tudo prontinho. Conceito, Grana, Parceiros, Site, Identidade visual, Post no Facebook.

DL: Revise e bola pra frente.

GG: E aí? Tá tudo certo? Tá chegando a hoooooora.

LB: Faça um check list e vá dando checks em cada um dos itens.

AQUEÇA SUA REDE.

Prepare um texto. Faça um vídeo. Informe os amigos que você vai precisar de ajuda. Conte pros mais próximos que seu projeto sairá do papel logo, logo.

DL: Antes de lançar pro mundo todo, você pode avisar para algumas pessoas que vai lançar. Isso deve te dar mais confiança e likes.

GG: Momento importantíssimo. Aquecer a rede significa preparar seus amigos, conhecidos e interessados no seu projeto. Envolva eles antes de lançar para que eles ajudem a dar um gás na comunicação da sua ideia.

LB: Incomode suas amigas, amigos e familiares. Faça eles compartilharem seu projeto assim que você lançar. Quanto mais gente estiver nessa primeira onda, mais longe seu projeto pode chegar.

HOJE É O GRANDE DIA! TIRE SEU PROJETO DO PAPEL.

DL: Lance o que você tem. Já está bom demais.

GG: Faça um alarde.

LB: Não apenas lance. É hora de textão no Facebook. Conte o motivo que te fez lançar, conte a história por trás, seu objetivo. As pessoas se engajam mais quando entendem suas motivações. É o famoso "Golden Circle" do Simon Sinek.

CAPÍTULO 5

CELEBRANDO, CORRIGINDO E APRENDENDO

LISTE AQUI TUDO QUE VOCÊ FEZ E CONQUISTOU COM SEU PROJETO ATÉ AGORA.

Se conseguir, coloque datas e números.

Pessoas que você conheceu

Eventos que participou

Ferramentas que aprendeu a usar

DL: Reconheça o caminho andado.
GG: Acredite, é muito importante reconhecer suas conquistas.
LB: Massagem de ego é bom às vezes. :)

VÁ ATÉ A PÁGINA 63. AS DESCULPAS AINDA FAZEM SENTIDO?

Desculpa	*Aprendizado*

DL: Agora você já pode pensar em desculpas
novas para não tirar seu próximo projeto do papel.
GG: Como você superou suas desculpas?
LB: Viu? Desculpas não te impediram :)

MANDE UM E-MAIL PARA A PESSOA QUE VOCÊ MAIS ADMIRA CONTANDO SOBRE SEU PROJETO.

Faça um rascunho desse e-mail aqui.

DL: Não se reprima. Não exija muito dela.
GG: Celebre.
LB: Se ela não respondeu, relaxe. A opinião dela não importa.
O que importa é o que você sente com seu projeto. :)

REALIZOU SEU PROJETO? AVISE A GENTE.

Poste uma foto no Instagram que represente
seu projeto com a hashtag #333paginas.

DL: @DLarusso
GG: @gabgomes__
LB: @lucianohbraga

RELEIA AS PÁGINAS ANTERIORES.

Reflita e escreva o que você aprendeu.

Sobre você	Sobre seu projeto	Sobre o mundo

DL: Este livro está feliz por testemunhar este momento.

GG: Aprenda olhando para trás.

LB: Colocar no papel é uma forma de apreender melhor os aprendizados. É normal ver coisas que você fez e não acha boas. Não julgue, era você no passado.

COLETE HISTÓRIAS DE QUEM USOU, SE BENEFICIOU, INTERAGIU, CONSUMIU O SEU PROJETO.

Descreva o que aconteceu, avalie o que a pessoa sentiu, descubra o que pode ser melhor.

DL: Da próxima vez, comunique seu projeto contando as histórias de quem já se beneficiou por ele.

GG: Use essas informações para se inspirar e melhorar seu projeto.

LB: Por que não filmar essas pessoas e criar um conteúdo para seu projeto? Minivídeos são legais e podem ser usados em diversas plataformas.

PRIORIZE AS PRÓXIMAS AÇÕES.

De todas as histórias que você coletou, quais geraram ideias de melhorias que você precisa fazer? Quais ideias são prioridades para a próxima fase do seu projeto?

DL: Quais são os problemas mais críticos? Quais ações vão te fazer mais feliz? O que você pode fazer para gerar mais valor pras pessoas?

GG: Muitas melhorias terão de ser feitas. Novamente priorize o que é mais importante. Você já fez isso antes para lançar o seu projeto. O mindset é o mesmo: não se apegue às bijuterias, foque no que é necessário, apenas.

LB: Não esqueça de ouvir sua intuição. Se uma pessoa fez uma crítica negativa e seu senso de aranha diz pra continuar com o que você acredita, manda brasa.

AGRADEÇA ÀS PESSOAS QUE TE AJUDARAM A CHEGAR ATÉ AQUI.

Escreva ao redor os nomes delas.

DL: Nunca estamos sozinhos.
GG: Quero agradecer a todo mundo que apoiou este livro <3.
LB: Importantíssimo valorizar quem te ajudou. Se tu não valoriza, elas não vão ajudar no futuro.

COMO VOCÊ PODE ENSINAR OUTRAS PESSOAS A TIRAREM SEUS PROJETOS DO PAPEL?

Escreva aqui o esqueleto de como vai ser seu textão no Medium contando sobre seus aprendizados e dicas.

DL: Ou, ainda, como outras pessoas podem replicar o seu projeto?
GG: Textão ou videozão.
LB: Ou, como você aumenta o número de pessoas que fazem o que você faz, consequentemente aumentando também o seu mercado?

O QUE VOCÊ APRENDEU QUE NÃO DEVE FAZER?

Na próxima versão deste projeto

Nos seus outros projetos

DL: Conheça muito bem os seus "nãos".

GG: Saber o que não fazer é muitas vezes mais importante do que saber o que fazer.

LB: Esse conhecimento vale ouro. Um dia você vai ensinar alguém mais jovem sobre esses itens.

O QUE A PRÓXIMA VERSÃO DO SEU PROJETO TERÁ DE DIFERENTE?

Como o seu projeto pode ser mais divertido, simples, colaborativo, barato, sexy, lucrativo, sustentável, impactante?

DL: Que outros adjetivos você gostaria de dar à evolução do seu projeto?

GG: Se for igual é palha. Tem que ter melhorias.

LB: Reinvente-se. Ficar na mesma pode te levar para uma zona de conforto, onde você não tem muito aprendizado e nem picos de empolgação.

COMPARTILHE NAS REDES O QUE MAIS TE DÁ ORGULHO SOBRE SEU PROJETO.

Escreva frases nesta página e poste uma foto dela.

DL: Comemore publicamente, deixe as pessoas curtirem suas conquistas também.
GG: Seja transparente e verdadeiro. Abra o coração.
LB: Isso é bom fazer não só uma vez, faça sempre que você encontrar algo. Mas não muito. Existe a Lei dos Retornos Diminutivos: quanto mais você faz algo, menor impacto aquilo passa a ter.

ABRA A GAVETA. COMECE DE NOVO.

Tire todas as suas ideias de lá e escreva-as aqui.

DL: Suje o papel o quanto antes, jogue tudo aqui, não filtre.
GG: O que você quer fazer? Se não tiver ideias, não tem problema.
LB: Um projeto artístico, uma empresa, um blog, um autódromo. Coloque aqui tudo que você quer fazer na vida.

MUITO MUITO MUITO OBRIGADO

DL: Agradeço profundamente ao Braga e ao Gab por serem os melhores parceiros que poderia ter nessa. Muito obrigado a cada uma das 358 pessoas que ajudaram este projeto a sair do papel. Grato à Mari, pelo apoio desde que essa ideia nasceu. E, principalmente, meus pais, Midori e Luiz (que já se foi), que me botaram no mundo pra fazer arte.

GG: Um brinde ao acaso que me colocou em contato com esses dois seres humanos com potencial de transformar a vida de muita gente. É uma honra ter dado vida a este projeto junto com eles. Muito obrigado pelo convite, Larusso, para participar dessa jornada. Muito obrigado ao Braga pela constante inspiração que transmite. E, para terminar, quero agradecer a todos os amigos, conhecidos e conhecidos de conhecidos que apoiaram o projeto e fizeram ele acontecer. Pai, Mãe e mano, amo vocês. <3

LB: Agradeço a todas as pessoas que fazem/fizeram parte da minha vida até esse momento. Sem elas eu não estaria aqui, criando um agradecimento por um livro que tive tanto prazer de ajudar a construir. Um beijo especial pro Gab e pro Larusso pela incrível parceria. Mesmo a distância, acho que fizemos um livro lindíssimo. Agradeço também à Belas Letras por acreditar no potencial destas páginas para ajudar pessoas a tirar projetos do papel. Amo todos vocês.

**COMPRE UM
·LIVRO·**
doe um livro

Nosso propósito é transformar a vida das pessoas por meio de histórias. Em 2015, nós criamos o programa compre 1 doe 1. Cada vez que você compra um livro na loja virtual da Belas Letras, você está ajudando a mudar o Brasil, doando um outro livro por meio da sua compra. Queremos que até 2020 esses livros cheguem a todos os 5.570 municípios brasileiros.

Conheça o projeto e se junte a essa causa:
www.belasletras.com.br

Este livro foi composto em brandon grotesque e impresso em papel offset 75g pela gráfica Pallotti em novembro de 2020.